LE QUATRE SEPTEMBRE

RÉCITS D'AUTREFOIS

LE QUATRE SEPTEMBRE

PAR RAYMOND RECOULY

LIBRAIRIE HACHETTE

RECITS D'AUTREFOIS

LE QUATRE SEPTEMBRE

PAR RAYMOND RECOULY

LIBRAIRIE HACHETTE

Il a été tiré de cet ouvrage :
5 exemplaires sur papier de
Hollande, numérotés de 1 à 5;
15 exemplaires sur papier de
Madagascar, numérotés de 1
à 15. L'édition originale a été
tirée sur papier Alfa.

LE QUATRE SEPTEMBRE

CHAPITRE PREMIER

QU'EST-CE QU'UNE RÉVOLUTION?

Une révolution n'est le plus souvent que la suppression d'un régime sur le point de mourir, quand il n'est pas déjà aux trois quarts mort.

Parmi ces moribonds, il en est qui résistent plus ou moins, qui essaient tant bien que mal de se défendre contre leurs assaillants. L'histoire de la révolution est le récit de leurs convulsions. D'autres, au contraire, n'engagent aucune lutte, n'offrent aucune résistance. Ils tombent, disparaissent dès les premiers coups.

La révolution du 4 Septembre est de ce nombre.

Jamais, au cours de notre histoire, fort riche cependant, surtout au siècle dernier, en expériences de cet ordre, ne se vit changement de régime plus facile, plus pacifique, plus coulant.

LE QUATRE SEPTEMBRE

Pas un coup de fusil, pas une goutte de sang!

Ce gouvernement impérial, si fort, si solide en apparence, qui, dans un pays, dans une capitale turbulente, avait, de sa poigne vigoureuse, maintenu, pendant dix-huit ans, un ordre absolu, s'écroule en quelques heures, sans qu'aucun de ses défenseurs attitrés : armée, police, fonctionnaires, députés, sénateurs, lève le petit doigt pour le défendre. La transformation s'opère au milieu d'un consentement, d'un acquiescement ou d'une résignation unanimes.

Là est le trait original, la marque propre de cette journée.

Elle est la seule en France, et probablement hors de France, qui présente à un tel degré ce caractère.

Occupants et possédants, dès les premières sommations, s'effacent avec une parfaite bonne grâce devant leurs remplaçants :

« Vous voulez le pouvoir? semblent-ils leur dire. Prenez-le. Nous n'en sommes, en effet, plus dignes. »

Mais qui va saisir ce pouvoir? Qui va occuper cette place vacante?

L'histoire du 4 Septembre — là est son second trait, bien curieux, lui aussi — *est une série de*

QU'EST-CE QU'UNE RÉVOLUTION?

*dépassements successifs des hommes ou des insti-
tutions par les événements.*

Si l'on se tient à ce fil conducteur, tous les
faits qui paraissent emmêlés, embrouillés les
uns dans les autres, se clarifient, s'ordonnent avec
une clarté parfaite.

Le pouvoir exécutif, le gouvernement pouvaient,
sous la pression impérieuse des événements qui
exigeaient un nouvel état de choses, s'employer
eux-mêmes à le créer, à diriger cette évolution.
Ils y songèrent et même ils l'essayèrent; mais
d'une façon très timide, très incohérente, sans
hardiesse, sans décision, surtout sans rapidité.

Dans des circonstances aussi critiques, aussi
tragiques, quand les régimes s'ébranlent sous les
coups du destin, les heures, à plus forte raison les
jours, valent des semaines ou des mois.

Le gouvernement prit son temps, attendit, en
un moment où son unique chance de salut était de
ne point attendre.

Aussi fut-il bien vite dépassé.

Après ce premier dépassement, en voici un
second :

A défaut du pouvoir exécutif et étant donné sa
carence, le pouvoir législatif, les hommes qui repré-
sentent après tout le pays, vont-ils montrer plus
de décision, plus de promptitude? Ils y songent.
Mais ils ont le grand tort de ne pas se presser eux

non plus. Au lieu d'une résolution immédiate,
mettant Paris, la France, le monde en présence du
fait accompli, ils gaspillent un temps précieux,
discutent, tergiversent, s'ajournent, font succéder
les séances de jour aux séances de nuit, votent
des ordres du jour, s'éparpillent dans les bureaux,
palabrent et combinent, vaquent, en un mot, comme
si de rien n'était, à leur petit traintrain professionnel. Car les parlementaires se dépouillent
malaisément de leur carapace; ils sont faits avant
tout pour parler (leur nom l'indique), alors qu'il
conviendrait d'agir.

Au milieu de ces palabres, voici surgir un acteur
anonyme et tout-puissant, le troisième larron, qui
met fin à ces discussions. *La foule*, envahissant le
Parlement, brise, casse en un rien de temps ce
moulin à paroles et à motions. C'est fini. Il n'y a
plus qu'à fermer la salle des séances où, au lieu
de quelques centaines de députés, s'agitent, vont
et viennent quelques milliers d'intrus, dégringolant
des tribunes, envahissant les couloirs, les travées,
s'asseyant, ô sacrilège, au fauteuil, allant même
jusqu'à manier la sonnette du président disparu.

Comme le gouvernement, le Corps législatif est
dépassé lui aussi.

QU'EST-CE QU'UNE RÉVOLUTION?

**

Où va-t-on, à travers ces fuites successives? Qui se chargera de contenir, de diriger ce fleuve sorti de son lit?

Une émanation du Parlement, les députés de l'opposition, composant avec la foule, en vertu d'un tacite accord avec elle, se rendent en toute hâte à l'Hôtel de Ville. Là, à la dernière minute, alors que tout semble devoir être emporté, ils parviennent, non sans peine, non sans tiraillements, à poser la première pierre du barrage. Un gouvernement est constitué qui n'est ni un gouvernement parlementaire, puisqu'il s'est fait en dehors du Parlement, ni un gouvernement d'émeutiers, puisque ce sont tout de même des députés, des représentants réguliers du peuple qui en font partie.

Après tous ces dépassements, voilà le premier arrêt, voilà le premier piquet enfoncé dans le sable mouvant. C'est à cela que le pouvoir nouveau va, tant bien que mal, s'accrocher.

J'en ai dit assez pour montrer comment, dans cette révolution, l'intérêt, contrairement à ce qui arrive dans la plupart des autres, loin de se concentrer sur un point unique, se disperse au contraire, s'éparpille sur plusieurs. L'unité d'action, chère à notre esprit classique, n'existe aucunement ici.

Au lieu d'un seul théâtre, il y en a deux ou trois : les Tuileries où l'Impératrice, ses ministres, désemparés, abasourdis, laissent flotter d'abord, bientôt échapper de leurs mains les rênes; le Palais-Bourbon où les députés préparent une solution qui leur est bien vite arrachée; l'Hôtel de Ville où le gouvernement enfin se fonde, pour ne rien dire du Sénat qui ne joue, dans cette affaire, aucun rôle, pas même celui d'une simple « utilité. »

Ainsi, sur des scènes multiples, les événements se croisent, s'entre-croisent. Il faudrait, pour donner une juste vision de l'ensemble, ne pas être obligé de présenter *successivement* des événements *simultanés*. On peut regretter que l'histoire ne permette pas, comme le théâtre, cette ingénieuse disposition, permettant aux spectateurs, grâce à quelques cloisons disposées sur la scène, de contempler en même temps ce qui se passe dans deux ou trois endroits à la fois.

L'impératrice Eugénie, qui termine avec courage et dignité une carrière politique où les erreurs, hélas! se sont accumulées, ses dames d'honneur, ses ministres; les députés, ceux du gouvernement et de l'opposition; les généraux, les soldats, la garde

QU'EST-CE QU'UNE RÉVOLUTION?

nationale, qui forme le pont entre les militaires et les civils; la foule enfin, le principal et le plus important des personnages, qui, pareille au chœur antique, pose les questions et donne les réponses, voilà les acteurs du drame où naquit le régime sous lequel nous vivons.

CHAPITRE II

PARIS AVANT LE DÉSASTRE

NAPOLÉON, son seul nom l'indique, est un chef d'armée plus encore qu'un chef d'État. S'il fait la guerre, à quoi il n'est que trop porté, son devoir est de la faire bien, c'est-à-dire de remporter des victoires. Il en a pris l'engagement lorsque, de sa propre volonté, pour son intérêt et sans que rien l'y oblige, il a mis la main sur le pays.

C'est vrai du premier, qui avait du génie, ce qui fait pardonner bien des choses; et c'est vrai du second, qui n'avait, lui, aucun génie, mais qui était, au contraire, un homme très médiocre.

Si les désastres militaires entraînèrent automatiquement l'effondrement du premier, à plus forte raison devaient-ils entraîner celui du second; d'autant que, comparées aux défaites de 1870, celles de 1814 et même de 1815 feraient presque l'effet d'être des victoires.

PARIS AVANT LE DÉSASTRE

Jamais, au cours de son histoire, la France ne fut aussi mal commandée, aussi mal gouvernée. Jamais guerre ne fut, militairement et diplomatiquement, préparée, engagée avec une pareille légèreté. S'il convient de juger un régime d'après les chefs, civils et militaires, sur qui il s'appuie, ce régime impérial est jugé. Impossible d'en imaginer de pire.

Les premières défaites amenèrent tout naturellement un affaiblissement, bientôt un ébranlement de ce régime. A mesure qu'elles se multipliaient, sur un rythme des plus rapides, l'ébranlement ne cessa de s'accroître jusqu'à la catastrophe finale.

Cet affaiblissement du pouvoir se marque de diverses manières.

Le ministère Émile Ollivier, rendu responsable de la guerre si légèrement, si stupidement engagée, est en un rien de temps renversé, le 9 août, par un vote du Corps législatif, cependant bien docile, où l'opposition, la gauche ne comptent qu'un tout petit nombre de membres.

Ce ministère, émanation directe de l'Empereur, le Parlement déclare qu'il n'en veut plus ; et rien ne mesure davantage le discrédit, la défaveur où la dynastie est déjà tombée.

Que va-t-on mettre à la place du cabinet balayé de la sorte ? Après tant de choix malheureux, qu'il s'agisse des civils ou des militaires, c'est le moment où jamais de bien choisir. L'Impératrice et son entourage choisissent mal. Il fallait un homme d'État, et un bon, capable de voir clair dans la situation militaire, politique, diplomatique, et de prendre aussitôt les décisions nécessaires.

Ce fut un général hors de service qui l'obtint.

On eut l'idée saugrenue d'aller chercher à Lyon où il commandait, si l'on peut dire, un vieux général de plus de soixante-dix ans, Cousin-Montauban, comte de Palikao, qui, quelques semaines auparavant, malgré ses très vives instances, ses lettres réitérées à l'Empereur, à l'Impératrice, au ministre de la Guerre, n'avait pas été jugé digne de commander, en campagne, un corps d'armée.

C'est à lui que, par une véritable aberration, on confie la présidence du Conseil.

Qu'attend donc de lui, qu'espère l'Impératrice? Qu'il sera docile? Mais, à l'heure présente, la docilité ne suffit plus.

Que peut faire un vieux général sans expérience politique ni parlementaire, sans prestige, sans autorité?

Un chef véritable se serait opposé de toutes ses forces au plan insensé, consistant à laisser l'armée de Mac-Mahon, en train de se reconstituer péniblement à Châlons, essayer, au travers de 300 000 Prussiens, de donner la main à Bazaine bloqué dans Metz. Ce projet qui, militairement, présentait les plus grosses difficultés, qui n'aurait pu réussir que réalisé par un chef résolu, intrépide, commandant une armée de premier ordre, avait neuf chances sur dix d'échouer. S'il échouait, c'était la catastrophe.

L'Impératrice, pour des raisons purement égoïstes, dynastiques, en quoi elle fut néfaste, se cramponna à ce plan où elle voyait, follement, l'unique planche de salut.

Palikao et le gouvernement laissèrent faire. On avait voulu des valets. On était servi !

Se sentant affaibli, diminué, moralement et matériellement, le gouvernement jette du lest. Il accorde, au compte-gouttes, quelques concessions au Parlement et à l'opinion.

Le 22 août, le Corps législatif avait demandé l'adjonction de neuf députés au Conseil de défense. Palikao, soucieux de conserver toutes ses prérogatives, met son *veto* à cette motion, que la Chambre ne vote pas, par crainte surtout d'une nouvelle crise ministérielle. Mais quelques jours plus tard, Thiers, dont le nom est sur toutes les lèvres, n'en est pas moins nommé, avec quelques-uns de ses collègues, membre de ce comité.

LE QUATRE SEPTEMBRE

Le 18 août, Trochu, bien qu'il ait été, nul ne l'ignore, en opposition directe avec l'Impératrice et le gouvernement, est choisi comme gouverneur militaire de Paris. Ce n'est pas tout.

L'Impératrice sent le besoin de se rapprocher de l'opposition, surtout de l'homme qui, par son prestige et son autorité, en est moralement le chef, Thiers. La rare prévoyance dont il a fait preuve, en multipliant, peu auparavant, des avertissements qui n'ont malheureusement pas été écoutés, a accru son influence, l'a mis au premier plan.

Par l'intermédiaire du comte d'Haussonville, Mérimée eut avec Thiers deux entrevues successives, le 18 et le 20 août. Est-ce bien à cette date qu'eurent lieu ces entretiens, c'est-à-dire quelque dix jours avant Sedan, et non pas immédiatement après, ainsi que l'a dit Thiers dans sa déposition à l'enquête parlementaire et comme la plupart des historiens l'ont répété après lui?

M. Robert Dreyfus, dans son livre récent sur Thiers, s'efforce d'élucider ce petit problème d'histoire. Il soutient que les conversations eurent lieu avant Sedan. Les deux thèses, au demeurant, ne me paraissent pas inconciliables. Pourquoi n'y aurait-il pas eu des entretiens avant Sedan et après?

Mérimée, son collègue à l'Académie, se rend

auprès de Thiers comme envoyé de l'Impératrice, bien qu'il ne le déclare pas expressément. Grande satisfaction d'amour-propre pour ce dernier, dont on a repoussé naguère dédaigneusement les conseils!

Mérimée, parlant au nom de la souveraine, sa grande amie de toujours, qu'il faisait, quand elle était enfant, sauter sur ses genoux, à qui il est dévotement attaché, demande à mots couverts des conseils et même un concours, un appui.

Mais quels conseils pourrait bien donner Thiers? Maintenant les dés sont jetés. Il n'y a plus qu'à attendre, en spectateurs impuissants, le dénouement du drame. Les deux hommes se quittent. Tandis que Thiers, son aîné, va, pendant plusieurs années, les plus belles, les plus riches de sa carrière, tenir le premier rôle, Mérimée, lui, se sent au bout de sa course. Discret et sage, amoureux de la réserve et de la tranquillité, il n'a rien à faire au milieu des désordres, des convulsions dont le changement de régime, aggravé de la défaite, va forcément s'accompagner. Tout de suite après le 4 septembre, dès qu'il sait l'Impératrice en sûreté, attristé, endolori, il se retire à Cannes, et il y meurt, au soleil, quelques semaines plus tard.

On dirait que le ciel concède à quelques rares privilégiés le don très précieux de quitter l'existence à l'heure même où cette existence ne repré-

sente plus rien pour eux. C'est comme s'ils étaient
libres de choisir eux-mêmes l'heure de leur départ

> ... Je voudrais qu'à cet âge
> On sortît de la vie ainsi que d'un banquet,
> Remerciant son hôte, et qu'on fît son paquet.

Nous avons vu de nos yeux un de ces princes de
l'esprit, Adrien Hébrard, disparaître de la sorte, à
la veille même de la grande guerre, durant ces
journées enfiévrées et trépidantes qui précédèrent
la mobilisation.

Un gouvernement affaibli, ayant perdu la confiance qu'il avait en lui, ne se soutenant que par
la force acquise, un Corps législatif où l'opposition
relève la tête, parle de plus en plus haut, le pays
anxieux, attendant impatiemment les événements,
pareil à un plateau chargé d'effluves électriques
où se produit, de-ci, de-là, quelque brusque explosion.

A Marseille, une manifestation tumultueuse, qui
dégénère presque en émeute, éclate durant la
soirée du 7 août, devant la Préfecture et l'Hôtel
de Ville. A Lyon, le 13 août, une manifestation et
un commencement d'émeute au cours de laquelle
plusieurs agents de police sont blessés.

PARIS AVANT LE DÉSASTRE

Dans la capitale, le dimanche 14 août, un audacieux coup de main est tenté par des révolutionnaires. Une bande d'hommes armés donne l'assaut à la caserne des sapeurs-pompiers de la Villette. La police étant accourue, une courte bataille s'engage, au cours de laquelle il y a des tués et des blessés. Un des chefs de la bande est Eudes, qui jouera plus tard un rôle important dans la Commune. Jugé par un conseil de guerre, condamné à mort, il est sauvé par la présence d'esprit de son avocat qui fait durer la plaidoirie assez tard dans la soirée pour qu'elle morde sur la journée suivante, ce qui donne au condamné vingt-quatre heures de plus pour son pourvoi. La révolution, survenant entre temps, l'arrache au poteau d'exécution.

CHAPITRE III

LA NOUVELLE DE SEDAN

LA grande politique de Palikao consiste, dès qu'il prend le pouvoir, à laisser le Parlement et le pays dans une complète ignorance, dans la nuit. En vain les députés s'obstinent-ils à l'interroger pendant les séances ou dans les couloirs; il refuse de répondre, donnant à tous ses subordonnés la sévère consigne du silence.

Privé de tout renseignement sûr, le public en est réduit à satisfaire comme il le peut son ardente soif de nouvelles. Les histoires les plus extraordinaires, les racontars les plus stupides ont cours. Ce qu'on appellera plus tard le *bourrage de crâne* sévit à haute pression; les journaux annoncent des victoires imaginaires, des massacres terribles de Prussiens. Les ennemis, disent-ils, ont déjà perdu 200 000 hommes depuis le début de la guerre. Leurs soldats sont incapables de résister aux privations et aux souffrances de la campagne.

LA NOUVELLE DE SEDAN

Le 1ᵉʳ septembre, alors que déjà l'armée de
Mac-Mahon est cernée dans Sedan, que sa capitulation est inévitable, on publie que Bazaine
a remporté la victoire, que sa jonction avec Mac-
Mahon est un fait accompli.

La Bourse elle-même ne trahit aucune inquiétude,
aucune émotion; ce qui prouve que les financiers
n'en savent pas plus que les journalistes. Le 3 septembre, le 3 % monte de près d'un point. Ce
soir-là, la capitale est calme. Les théâtres jouent
comme à l'ordinaire. A la Comédie-Française une
actrice connue déclame *la Marseillaise* que la
salle entière écoute debout.

Or, il y a déjà trente-six heures que les destins
se sont accomplis et que toute une armée française
a capitulé.

Comment arrivent les premières nouvelles?
Comment se répandent-elles dans les milieux officiels, dans les journaux, puis dans la rue?

Dès l'après-midi du 1ᵉʳ septembre, le jour de la
bataille, un télégramme de Vinoy, commandant
à Mézières une partie du 13ᵉ corps, donne l'alarme
au ministre de la Guerre, lui apprend à mots couverts la catastrophe. Vinoy vient de recevoir en
personne le sous-chef d'état-major de Mac-Mahon,

LE QUATRE SEPTEMBRE

le lieutenant-colonel Tissier, qui avait mission de mettre en sûreté les papiers du maréchal. Le gouvernement n'ignore donc pas et ne peut pas ignorer, dès ce moment, que la bataille est perdue, l'armée cernée, et bientôt prisonnière. Ce qui le prouve, ce sont les instructions qu'il donne à Vinoy, laissé maître de ses mouvements, opérant la nuit même une prompte retraite par Rethel, dans la direction de Laon. Si Vinoy, au lieu de diriger ses troupes vers le champ de bataille, est libre de les ramener en arrière, c'est que le ministre, son chef, considère dès ce moment, c'est-à-dire *dans la soirée du 1er septembre*, la bataille comme irrémédiablement perdue.

Dans la matinée du 2, le sous-préfet de Rocroy télégraphie au ministre de l'Intérieur pour signaler le passage de nombreux fuyards qui ont réussi à s'échapper de Sedan. Mais voici, le même jour, une nouvelle beaucoup plus précise, *la première information officielle* :

Le ministre des Travaux Publics, Jérôme David, a chargé un de ses agents, de Bouville, ancien préfet, d'inspecter les voies ferrées et de lui faire tenir directement, par un chiffre spécial, son rapport. Ce dernier envoie, l'après-midi du 2 septembre, ce télégramme chiffré de Bruxelles :

Grand désastre. Mac-Mahon tué. Empereur prisonnier. Ne sais où est le prince impérial.

LA NOUVELLE DE SEDAN

Jérôme David communique aussitôt la dépêche à l'Impératrice. A supposer qu'il n'en fasse pas part à tous ses collègues, il est peu vraisemblable que le président du Conseil n'en ait pas été informé.

L'Impératrice, elle, en tous cas, qui exerce tous les pouvoirs aux lieu et place de l'Empereur, ne peut plus rien ignorer.

Thiers a raconté de quelle manière émouvante, dramatique, il connut de Jérôme David lui-même la terrible vérité.

Il se tenait, la nuit du 2, un Comité de défense au cours duquel Thiers, prenant à son habitude la parole, réclamait obstinément le retour de l'armée Mac-Mahon vers Paris.

« N'insistez pas, lui dit en l'interrompant Jérôme David, je vous dirai tout à l'heure quelque chose. »

Aussitôt le conseil terminé, le prenant à part, il lui communiqua, confidentiellement, la nouvelle qu'il venait de recevoir.

Ainsi, dès le 2 au soir, peut-être même avant, l'Impératrice, le gouvernement savent d'une façon certaine, précise, tout ce qui est arrivé.

Car, en dehors de ce télégramme officiel qui ne peut laisser aucun doute, on a reçu quantité d'informations privées, venues surtout par la Belgique, et toutes, dans le fond, identiques.

CHAPITRE IV

LES HOMMES EN RETARD SUR LES ÉVÉNEMENTS

DEVANT un pareil désastre, que va faire le gouvernement? Quelle décision va-t-il prendre.

S'il entend rester maître des événements, et non être débordé par eux, son premier devoir est d'aller vite, de se décider sans retard. Dès la soirée du 2, au plus tard dès la matinée du 3, sa résolution doit être prise, sa ligne de conduite arrêtée.

Il a le choix, ou plutôt il *semble* avoir le choix entre deux solutions : faire tête, résister, serrer le pouvoir dans ses mains, sans en laisser échapper la moindre parcelle; ou bien, au contraire, jeter du lest, partager ce pouvoir avec des hommes nouveaux, des représentants du Parlement qui possèdent la confiance du pays.

Pour la première solution, la résistance, les

moyens matériels ne font pas entièrement défaut. Il peut compter sur les troupes régulières de la garnison, surtout sur la police qui est suffisamment nombreuse et sûre.

Ce qui lui manque, à vrai dire, ce ne sont pas les armes, mais la volonté de s'en servir. Il ne se sent plus, moralement, la force de résister aux attaques dont il va être l'objet, de continuer à gouverner tout seul contre le Corps législatif et contre le pays. Là est le point essentiel sur lequel on ne saurait trop insister. Le gouvernement a perdu confiance. *Il est frappé.*

Il ne reste plus alors que la seconde solution, la constitution d'un gouvernement nouveau, un gouvernement élargi, qui comprendrait des représentants du Parlement, des élus du peuple. Cette décision, prise à temps, proposée au Corps législatif, adoptée par lui, annoncée au pays sans retard, eût peut-être empêché la révolution. Mais il fallait la prendre tout de suite, dès la journée du 3. *Le gouvernement ne la prit pas.*

Désemparé, discrédité, il se borna à pratiquer une politique d'autruche, à attendre. Attendre quoi? Il est déjà extraordinaire que, Sedan n'étant qu'à quelque 300 kilomètres de Paris, la nouvelle ait mis si longtemps pour parvenir à la capitale, pour être connue de tous. Ce hasard miraculeux, laissant aux dirigeants le bénéfice d'une nuit, d'une journée pour se préparer et se décider, s'ils n'en profitent pas sur-le-champ ils sont perdus.

En tous cas le gouvernement, en possession de toutes les informations dès le 2 septembre au soir, n'ayant pris ni durant la nuit de 2, ni durant la journée du lendemain, les décisions nécessaires, reconnaît implicitement par là qu'il laisse à d'autres le soin de les prendre. Il est déjà hors de jeu.

Comment expliquer cette irrésolution, cette inertie?

L'Impératrice, la principale intéressée, a cependant du tempérament, du courage; sa conduite, les jours suivants, tout ce qu'elle fit par la suite le prouve suffisamment. Depuis le début de la guerre, elle tient en main les rênes, très mal d'ailleurs, mais elle les tient tout de même, ayant relégué l'Empereur au second plan. Pourquoi s'abandonne-t-elle ainsi, au moment décisif?

A cette question, on n'aperçoit qu'une réponse. Elle sent apparemment que tout est perdu, que les efforts sont inutiles, qu'on est arrivé à une situation sans issue.

Sedan est un formidable coup de massue, étourdissant ceux qui le reçoivent, les laissant sans volonté, presque sans conscience, incapables de réagir et de se ressaisir.

Durant cette matinée du 3, pendant le commen-

ACTION DU GOUVERNEMENT

cement de l'après-midi, avant la séance du Corps
législatif, des résolutions auraient pu et auraient
dû être prises, une ligne de conduite nettement
arrêtée afin de mettre le jour même le Parlement
et le pays en présence de ces résolutions.

Rien de cela ne fut fait.

Quand la séance s'ouvre au Corps législatif,
quand Palikao prend la parole pour annoncer, au
milieu de quelles réticences, le désastre, le Parlement ne sait pas ce que le gouvernement se propose
de faire; il ne le sait pas parce que le gouvernement
lui-même, le principal et le premier intéressé,
l'ignore.

Nous venons de voir à quel moment le gouvernement, les ministres, du moins certains d'entre
eux, ont connu la nouvelle du désastre.

Thiers, grâce à la confidence de Jérôme David,
en a été un des premiers informés, dans la nuit du
2 au 3. Il rapporte la nouvelle chez lui, le soir,
quand, après la séance, il rentre se coucher dans
son hôtel de la place Saint-Georges. C'est lui qui,
le lendemain matin, la communique aux députés
de la gauche, ainsi que le déclare expressément dans
ses *Mémoires* Jules Simon. La plupart des députés
l'apprennent durant l'après-midi de ce même jour.

LE QUATRE SEPTEMBRE

Le 3 au soir, elle est connue non seulement au Palais-Bourbon, mais dans les ministères, dans les salles de rédaction, un peu partout. Francisque Sarcey raconte qu'il se rendit vers huit heures à la rédaction du *Gaulois*. Il trouve avec surprise la porte barrée et ne s'ouvrant qu'au compte-gouttes, pour les initiés. A peine entré, on lui tend un journal qu'un des rédacteurs a apporté de Bruxelles, dans lequel le désastre de Sedan, vieux de trente-six heures déjà, est raconté tout au long. Aucun doute n'est d'ailleurs possible, car un des rédacteurs est allé présenter le numéro au préfet de police qui n'a pu que baisser la tête tristement.

Cependant, au cours de la séance du Corps législatif, ce même après-midi, Palikao, loin de tenir aux députés le langage qu'il aurait dû tenir, surtout de leur indiquer la route à suivre, essaye de s'en tirer, une fois encore, par des faux-fuyants.

Son discours est un extraordinaire mélange d'aveux et de réticences. Il reconnaît que l'armée de Sedan, accablée sous le nombre, a dû se retirer sous la citadelle ou en territoire belge. Il avoue ainsi que le projet de jonction entre Mac-Mahon et Bazaine, but de l'opération militaire, a complètement échoué. Mais il ne dit pas un mot de la capitulation, ni de la captivité de l'Empereur. Il n'ignore pas cependant que dans quelques heures,

ACTION DU GOUVERNEMENT

en tous cas dès le lendemain matin, ces choses-là seront connues de tous.

La politique de l'autruche continue.

En présence de ces hésitations, de ces réticences, le Parlement se sent désemparé, et il y a vraiment de quoi.

A peine Palikao est-il descendu de la tribune que Jules Favre demande la parole. Il propose sa motion : « Le gouvernement a cessé d'exister. Il est nécessaire que tous les partis s'effacent devant le nom d'un militaire qui prenne la défense de la nation. »

C'est, en fait, proclamer la déchéance ; c'est remettre les pouvoirs au général Trochu, bien qu'il ne soit pas expressément désigné.

La séance est levée vers 4 heures.

Un peu après la séance, parvient à l'Impératrice le télégramme de l'Empereur annonçant lui-même la capitulation et sa captivité. Cette nouvelle, au demeurant, ne faisait que confirmer ce que l'Impératrice savait déjà.

Tout de suite après la séance, vers 5 heures, les ministres tiennent aux Tuileries un conseil qui aurait dû être décisif, qui ne le fut pas.

Ainsi qu'il arrive dans des circonstances aussi critiques, surtout lorsque des hommes indécis, timorés, hésitants, sont manifestement débordés par les événements trop forts pour eux, toutes sortes de projets se présentent, se croisent, se heurtent dans leur esprit. Entre eux, ils sont incapables de choisir. Tous, en effet, présentent de graves inconvénients. Seulement, il y a un inconvénient plus grave encore : c'est de ne faire aucun choix, de s'en remettre au hasard.

Il n'y a, pour peu qu'on aille au fond des choses, que deux solutions possibles : résister ou céder.

Résister consiste à se servir de tous les moyens matériels dont on dispose encore, pour réprimer d'une main vigoureuse les tentatives de protestations ou de soulèvement, qu'elles viennent du Parlement ou de la rue.

Personne, à vrai dire, n'en a la volonté, ni le courage, pas plus l'Impératrice que ses ministres. Personne ne se sent assez énergique, assez sûr, assez maître de soi pour résister à la fois aux parlementaires et aux émeutiers.

Alors il faudrait céder, s'effacer devant le Parlement, confier à des hommes choisis par lui la direction du pays. Les ministres, qui ne sont guère faits pour la lutte, y consentiraient à la rigueur. L'Impératrice, elle, qui a du tempérament, de l'énergie, n'y consent pas. Elle estime que l'Empereur, à son départ, lui a confié un dépôt sacré. Ce dépôt, elle ne peut pas, elle ne doit pas l'abandonner d'elle-même. Voilà la vraie raison qui la détermine.

ACTION DU GOUVERNEMENT

C'est pourquoi aucune décision n'est prise.

On aurait pu, ce qui était une solution intermédiaire, ayant d'ailleurs peu de chances d'aboutir, composer avec le Corps législatif, instituer, d'accord avec lui, un gouvernement mi-parlementaire, mi-dictatorial. Pour cela il fallait, sans une minute de retard, entrer en rapport avec les députés, essayer de s'entendre avec eux. Ici encore on hésita, on perdit du temps. On résolut de ne pas convoquer la Chambre pour une séance de nuit à laquelle beaucoup de gens songeaient, de ne la réunir que le lendemain.

La seule résolution prise — et ce n'est vraiment pas beaucoup — est d'annoncer au pays le désastre de Sedan qui, maintenant, ne peut plus être caché.

Duvernois, en sa qualité de journaliste, est chargé de cette ingrate mission. Il rédige la proclamation qui doit, la nuit même, être apposée sur les murs de la capitale.

« Français !

« Un grand malheur frappe la patrie. Après trois jours de luttes héroïques soutenues par l'armée du maréchal de Mac-Mahon contre 300 000 ennemis, 40 000 hommes ont été faits prisonniers.

« Le général de Wimpffen, qui avait pris le commandement de l'armée en remplacement du

31

maréchal de Mac-Mahon, grièvement blessé, a signé une capitulation.

« Ce cruel revers n'ébranle pas notre courage. Paris est aujourd'hui en état de défense. Les forces militaires du pays s'organisent.

« Avant peu de jours une armée nouvelle sera sous les murs de Paris. Une autre armée se forme sur les rives de la Loire.

« Votre patriotisme, votre union, votre énergie sauveront la France.

« L'Empereur a été fait prisonnier dans la lutte. Le gouvernement, d'accord avec les pouvoirs publics, prend toutes les mesures que comporte la gravité des événements. »

Après le conseil des ministres, dans la soirée du 3, les affiches sont portées vers dix ou onze heures chez les imprimeurs. Elles commencent à être placardées vers 4 heures du matin.

Dans les rues, bien avant le jour, des colporteurs crient : « Napoléon est prisonnier. »

L'énergie purement verbale de cette proclamation recouvre un certain nombre d'inexactitudes et même de mensonges. Ce n'est pas 40 000 hommes qui ont été faits prisonniers, mais bien 80 000, c'est-à-dire le double. L'Empereur n'a pas été fait prisonnier pendant la bataille, comme on l'affirme. Il s'est rendu, la bataille terminée. Quant aux armées nouvelles dont on parle, celle qui doit couvrir Paris, celle qui se constitue sur les bords de la Loire, il n'en existe malheureusement aucune.

*
* *

Schneider, président du Corps législatif, qui s'était rendu aux Tuileries, qui s'était entretenu avec l'Impératrice pendant une interruption du conseil des ministres, venait de rentrer au Palais-Bourbon. Il commençait à dîner lorsque quelques représentants, entre autres M. de Kératry, viennent lui demander, de la façon la plus pressante, de convoquer les députés pour une séance de nuit.

Schneider, à demi ébranlé, sentant lui-même à quel point cette séance est indispensable, se rend assez vite à cette demande. Après avoir fait, pour la forme, quelques objections, il cède. La Chambre est convoquée pour minuit.

Les ministres, quand ils l'apprennent, marquent un vif mécontentement. Palikao surtout est furieux. Son premier mouvement est de déclarer qu'il n'assistera pas à cette séance, inutile et même dangereuse.

Mais les députés sont officiellement convoqués, bien décidés d'y venir, même s'il n'y a pas de gouvernement. Après des pourparlers, des hésitations, Palikao et ses collègues sont obligés de s'y rendre eux aussi.

Vers une heure du matin la séance est ouverte. Il n'en est pas de plus lugubre, tant à cause des événements que de l'impuissance manifeste où sont les hommes, les chefs comme la troupe, de les dominer.

Les huissiers crient : « En séance! » Le public se demande s'il s'agit d'un comité secret ou d'une séance publique. Une altercation se produit entre les journalistes et le questeur général, Lebreton, qui veut les empêcher d'entrer.

Palikao propose tout d'abord de remettre la séance au lendemain. Protestations, cris, tumulte. « Non, demain ce serait trop tard. »

Sur quoi Palikao confirme, avec plus de netteté que l'après-midi, la nouvelle que tout le monde connaît déjà. Il insiste une fois encore pour que la discussion soit renvoyée au jour suivant. Le président s'y montre disposé. Mais Gambetta, qui déjà hausse le ton et parle en maître, s'y oppose. Jules Favre demande la parole et lit la proposition de déchéance qui a été signée l'après-midi par les vingt-sept députés de la gauche.

Cette motion est ainsi conçue :

« ARTICLE PREMIER. — Louis-Napoléon Bonaparte et sa dynastie sont déclarés déchus des pouvoirs que leur a conférés la Constitution.

ACTION DU GOUVERNEMENT

« Art. 2. — Il sera nommé par le Corps législatif une commission composée de... (vous fixerez, messieurs, le nombre de membres que vous jugerez convenable)... qui sera investie de tous les pouvoirs du gouvernement et qui aura pour mission expresse de résister à outrance à l'invasion et de chasser l'ennemi du territoire.

« Art. 3. — M. le général Trochu est maintenu dans les fonctions de gouverneur général de la ville de Paris. »

Jules Favre ajoute :

« Je livre ces propositions à vos sages réflexions, et demain, ou plutôt aujourd'hui dimanche, à midi, nous aurons l'honneur de dire les raisons impérieuses qui nous paraissent commander leur adoption. »

Cette lecture est écoutée dans le silence. Seul, Pinard, député du Nord, élève une protestation : « Nous n'avons pas le droit, crie-t-il, de proclamer la déchéance! »

Là-dessus la séance est levée et renvoyée au même jour, midi.

Un petit fait, cité par de La Gorce, en dit long sur l'état des esprits.

A la porte du Palais-Bourbon, quelques curieux ayant demandé à un sergent de ville ce que faisaient en ce moment les députés, ce dernier leur répond : « La Chambre tient séance pour renverser le gouvernement. »

LE QUATRE SEPTEMBRE

Un député, Dréolle, qui assistait à cette réunion, a porté sur elle ce jugement :

Ce fut une séance improvisée. La majorité n'avait rien préparé, ce qui rendait impossible toute délibération.

Les députés s'attardent plus d'une heure encore à travers les couloirs. Ceux de la majorité estiment pour la plupart que le gouvernement doit prévenir sans retard l'effet de la motion Favre.

Dréolle ayant crié tout haut : « La révolution, c'est la honte! » De Kératry, qui sera le lendemain soir préfet de police, se contente de lui répondre par un sourire.

A deux heures du matin, la place de la Concorde est encore pleine de monde. La foule pousse des cris : « A bas la droite! La déchéance! »

Aux Tuileries où toutes les fenêtres sont fermées, tous les abords entièrement calmes, que fait, pendant ce temps, l'Impératrice? Un chambellan est venu la supplier, un peu avant la séance du Parlement, de se rendre en personne au Palais-Bourbon, afin de parler aux députés. Le gouverneur du Crédit foncier et un autre de ses amis lui tiennent le même langage. L'Impératrice leur répond qu'elle n'en fera rien, qu'elle entend se conformer aux décisions de ses ministres. « Je ne puis aller à la Chambre, dit-elle, que pour y faire un coup d'État — je le devrais peut-être — ou qu'à genoux, en suppliante. Personne n'attend cela de moi. »

Elle ajoute : « Rien pour la dynastie. Tout pour la France. »

Tout son caractère, tout son tempérament éclatent dans cette réponse.

Vers deux heures du matin, elle se retire dans ses appartements.

Après cette soirée, quelques manifestations se produisent sur les boulevards. Mêlés à la foule, des gardes mobiles, des francs-tireurs, des femmes, des enfants. A la tête des manifestants, un groupe compact avec huit drapeaux.

A la hauteur du Gymnase, bousculade entre les manifestants et les agents. Quelques-uns de ceux-ci dégainent. Le bruit court que des gardes mobiles et des francs-tireurs auraient été blessés.

Mais voici un incident beaucoup plus significatif : entre neuf et dix heures du soir, une foule assez considérable se porte devant le palais du Gouverneur aux cris de : « Vive Trochu ! Des armes ! La déchéance ! »

Le général paraît au balcon.

« Je n'ai pas de nouvelles, crie-t-il, que celles que vous connaissez déjà. »

LE QUATRE SEPTEMBRE

Comme la foule s'obstine à crier : « La déchéance!

— Je n'ai aucune autorité, répond Trochu. Je suis résolu à défendre Paris jusqu'à la mort. »

L'officier de paix Bellanger reconnaît à la tête des manifestants Ranvier, un agitateur professionnel. La manifestation, d'après lui, loin d'être spontanée, aurait été organisée par des meneurs d'extrême gauche.

La plupart des manifestants se dirigent vers la place de la Concorde et le Corps législatif gardé par des dragons. On ne passe plus sur le pont. Les députés, quand ils sortent, doivent faire le tour par le pont de l'Alma.

Chose très curieuse, un certain nombre de députés de la gauche, en qui survit le souvenir du 2 Décembre, redoutent un coup d'État et s'attendent à être arrêtés cette nuit même. C'est prêter au gouvernement plus d'énergie et de décision qu'il n'en a.

Après la séance du Corps législatif, les députés de la gauche avaient tenu, eux aussi, une réunion sur laquelle Thiers, d'Haussonville, Favre ont donné des renseignements précis.

Les portes de la salle ont été soigneusement fermées à clé. Il y a là Thiers, Magnin, Garnier-Pagès, Ferry, Gambetta. Jules Simon est absent.

On propose la déchéance et la constitution d'un Comité de défense nationale provisoire. Thiers refuse obstinément d'en faire partie.

ACTION DU GOUVERNEMENT

**

Ainsi, quand finit — fort tard — la journée du 3, rien n'a été fait de ce qui aurait dû l'être, ni par le gouvernement, ni par le Corps législatif.

C'est ce jour-là, alors que ministres et Parlement n'ignoraient rien de la catastrophe, avant que le pays tout entier en fût informé, que les décisions auraient dû être prises. Elles ne le furent pas.

Le gouvernement pouvait s'entendre avec le Parlement pour lui remettre le pouvoir ou le partager avec lui. Il ne put pas ou ne voulut pas s'y résoudre. Le Corps législatif pouvait, par une décision énergique, saisir ce pouvoir que le gouvernement refusait de lui offrir. Il montra la même irrésolution, la même indécision que le gouvernement.

Les députés de l'opposition, jouant le rôle de globules rouges, pouvaient forcer la main à leurs collègues, les pousser, l'épée dans les reins, aux décisions nécessaires. Ils apparurent hésitants, désemparés, peu soucieux — cela se comprend — d'assumer de terribles responsabilités, de prendre en main une situation qui leur paraissait sans espoir.

39

6

LE QUATRE SEPTEMBRE

Thiers — rien n'est plus significatif — refuse de se mettre à la tête du mouvement. Son autorité, son prestige étaient tels qu'avec lui tout devenait relativement facile; sans lui, au contraire, un nouveau gouvernement, quel qu'il fût, semblait d'avance diminué, presque décapité.

S'il refuse ainsi, c'est qu'il est convaincu, en son âme et conscience, que la guerre, quoi qu'on fasse, est irrémédiablement perdue. Il n'y a plus qu'à signer la paix, une paix désastreuse, où le vainqueur dictera ses conditions. Comment faire accepter cette paix par le pays? Quel triste début pour un nouveau régime!

Thiers, très dogmatique, très orthodoxe dans ses opinions militaires, n'a confiance que dans les armées de métier, les soldats professionnels. Or, depuis l'investissement de Metz et la capitulation de Sedan, la France ne possède plus d'armée. Sa puissance militaire est donc réduite à néant. *Cette puissance-là ne s'improvise pas.* On ne crée pas, du jour au lendemain, des troupes dignes de ce nom. Celles qu'on lèverait de la sorte ne seraient qu'un trompe-l'œil. Elles seraient incapables de se mesurer avec les armées allemandes, enivrées par la victoire.

Voilà ce qu'il y a au fond de son esprit et qui explique son refus. Il s'en tiendra d'ailleurs par la suite à ses idées. Il refusera d'en démordre. De là le grave conflit qui le met aux prises avec Gambetta, persuadé, lui, qu'on peut lever des armées capables de tenir tête à l'envahisseur.

De Gambetta ou de Thiers, qui a raison? Foch, qui s'y connaît, estime que c'est Gambetta.

CHAPITRE V

LA JOURNÉE DÉCISIVE.
DES TUILERIES
AU PALAIS-BOURBON

PARIS s'éveille par une magnifique matinée de septembre; un temps chaud, un brillant soleil, pas un nuage dans l'air. Tout de suite, comme une traînée de poudre, la nouvelle du désastre se répand. C'est dimanche. Personne ne travaille; tout le monde éprouve l'envie de descendre dans la rue. La plupart des gardes municipaux ont revêtu leur uniforme. Ceux qui ne ossèdent pas la tenue complète arborent un simple képi; d'autres paraissent dans des costumes tenant à la fois du militaire et du civil.

Dès les premières heures de la matinée commence la marche des faubourgs, des quartiers excentriques vers le centre, surtout la place de la Concorde, qui attire la foule comme un aimant mystérieux. Cette foule marque plus de curiosité et d'étonnement que de colère. Elle échange des réflexions narquoises, des quolibets et des lazzis. Quelques cris de : « Déchéance! Déchéance! Vive la nation! » Des cris beaucoup plus rares de : « Vive la république! »

Les curieux sont plus nombreux que les manifestants. Ils circulent par des rues plutôt sales, mal tenues depuis le début de la guerre.

Le matin, à la barrière de Fontainebleau, des employés de l'octroi lisent des journaux et commentent les nouvelles devant un groupe de passants.

« L'Empereur est prisonnier, » crie le lecteur.

A quoi la foule, d'une voix unanime : « Tant mieux! »

On annonce aussitôt que Mac-Mahon est blessé. Une voix crie : « Tant pis! »

Les gares sont encombrées. L'exode des Parisiens, surtout des étrangers, commence. Des convois militaires, troupes et trains de munitions. C'est surtout à la gare du Nord que l'affluence est la plus grande. Le journal *Le Siècle* publie une annonce mystérieuse donnant rendez-vous aux gardes nationaux, sans armes, pour deux heures, devant le Corps législatif.

Le National paraît encadré de noir. Des soldats de la ligne se mêlent à la garde nationale et aux douaniers.

LE QUATRE SEPTEMBRE

Sur les boulevards, des militaires, qui prétendent revenir du Rhin, donnent de fausses nouvelles à la foule. Les kiosques de journaux sont pris d'assaut. Place de la Concorde, dès onze heures du matin, des groupes se forment, sans toutefois gêner sérieusement la circulation. Mais dès ce moment déjà on se presse à l'entrée du pont. Les blouses blanches sont mêlées aux vestons qui dominent. Des cris : « Déchéance! Déchéance! »

Dans l'ensemble, tout ce public est calme. C'est à peine une manifestation; encore moins une émeute.

Dès le début, et pendant toute cette journée, la présence, l'influence des révolutionnaires se fait à peine sentir. Il y a, de-ci, de-là, des initiatives particulières, des mots d'ordre à certains manifestants. Le mouvement est dans son ensemble spontané; il est fait de curiosité, de surexcitation, de colère.

De conspiration véritable, il n'y a en pas.

Le drame du 4 Septembre se joue en trois actes, chacun des trois se déroulant presque en même temps. Il a pour théâtres les Tuileries, le Palais-Bourbon, l'Hôtel de Ville.

Les nécessités du récit obligent l'historien à se

porter successivement de l'un à l'autre. Il est indispensable, pour bien comprendre le tout, de juxtaposer par la pensée ces événements, de les faire pénétrer l'un dans l'autre.

Aux Tuileries.

Les jardins des Tuileries restent ouverts. Le drapeau flotte sur le château. Dans la partie réservée, interdite au public, les grenadiers de la garde assurent normalement leur service, les fusils en faisceaux. Dans la cour du Carrousel, deux pelotons de guides et de cuirassiers mêlés aux voltigeurs de la garde impériale. Les chevaux ont deux bottes de fourrage à la selle. Les officiers gardent les portes.

L'Impératrice s'est levée dès 6 heures du matin. Elle visite son ambulance. Vers 7 heures, elle reçoit de Girardin, puis de Lesseps. Entre 8 et 9 heures commence le conseil qui dure jusqu'à 11 heures et demie.

Bien que, de toute évidence, les événements pressent, qu'il y ait urgence à se décider, il règne parmi les ministres la même indécision que la veille. Ils ne veulent ou ne peuvent, ni garder le pouvoir et dans ce cas l'exercer avec vigueur, ni s'en dessaisir réellement, franchement au profit du Parlement.

Chacune des solutions possibles — il n'y en a pas beaucoup, elles se réduisent toujours à deux : rester ou s'en aller — est une fois de plus envisagée. Un projet d'abdication fut, semble-t-il, discuté. Pour des raisons surtout juridiques, Clément Duvernois le fit écarter. L'Impératrice, au demeurant, ne s'y serait jamais, d'elle-même, résolue. On envisage, ce qui est d'ailleurs absurde, la constitution, hors de Paris, d'une délégation gouvernementale.

Le président du Corps législatif, Schneider, assiste à la séance. Il connaissait mieux que personne l'état d'esprit des députés. Il se rendait compte des nécessités de la situation. Il fut le seul à tenir un langage raisonnable. Il conseilla la constitution immédiate d'un gouvernement parlementaire, à qui la régente remettrait tous les pouvoirs. Mais ce n'est pas tout de conseiller. Il faut surtout obtenir que les conseils que l'on donne, si bons soient-ils, soient suivis. Schneider, lui aussi, manqua d'énergie. Son projet, le seul possible, qui, exécuté tout de suite, pouvait peut-être empêcher la révolution, au lieu de l'adopter tel quel, on le dénature, on le mutile, on en supprime tout ce qu'il comportait de bon.

Le gouvernement décide de constituer un Con-

LA JOURNÉE DÉCISIVE

seil de régence, élu par le Corps législatif et par qui seront choisis les ministres. Mais il ajoute que Palikao sera nommé lieutenant-général de ce Conseil. De ces deux décisions, la seconde supprime purement et simplement l'heureux effet de la première. On n'aboutit ainsi qu'à un mauvais, un détestable compromis.

AU PALAIS-BOURBON.

Vers le milieu du jour, la foule augmente sur la place de la Concorde. Elle se dirige instinctivement vers le Palais-Bourbon. Comment la défense de ce dernier va-t-elle être assurée?

Il s'est passé, la veille, un incident gros de conséquences.

Palikao déteste Trochu nommé malgré lui gouverneur militaire de Paris; il n'a en lui aucune confiance, il le soupçonne d'être de cœur avec les manifestants, en quoi il n'a pas entièrement tort. Le 3 septembre dans l'après-midi, il donne directement, sans passer par son intermédiaire, des ordres au général Soumain, chef de la division militaire. C'est une violation de toutes les règles militaires. Le gouverneur, responsable du maintien de la tranquillité dans la capitale, se trouve ainsi écarté. On le traite comme s'il n'existait pas.

Surpris de cette incorrection, le général Soumain s'empresse d'en faire part à son supérieur hiérarchique. Colère et indignation de Trochu, à qui des officiers de son état-major conseillent de donner sur-le-champ sa démission. Il ne démissionne pas, mais il est, au fond de lui-même, ulcéré contre l'Impératrice et ses conseillers, bien décidé à ne rien faire pour leur défense. Ce qui se passe par la suite dérive de cet état d'esprit.

Le soir du 3, le ministre de l'Intérieur, Chevreau, vient lui demander, le prier presque, au nom de l'Impératrice, de se rendre au palais. Il n'obéit pas à cette invite sur l'heure, mais seulement le lendemain. Il est reçu par la souveraine pendant le conseil des ministres. L'entretien est court et froid. Trochu sort du Palais dans les mêmes dispositions qu'il y était entré. Il ne sera certes pas du côté des Tuileries durant cette journée décisive. On peut presque dire qu'il sera contre. Quant au Palais-Bourbon, qu'il se garde comme il le pourra. Trochu s'en désintéresse.

Sur la demande pressante de Schneider, président du Corps législatif, les troupes, la gendarmerie, la police, arrivent vers la fin de la matinée et prennent position. Les troupes régulières se composent de deux bataillons d'infanterie répartis l'un derrière les grilles, l'autre dans les jardins de la présidence; trois escadrons de gendarmerie à cheval; deux bataillons de gendarmerie à pied, qui barrent

le pont et les voies aboutissant à la Chambre;
un millier de gardes de Paris et de sergents de ville,
un bataillon de la garde nationale s'établissent en
outre dans la grande cour.

Au total, des forces très suffisantes pour défendre
le Palais contre toute attaque. Bien commandées,
bien tenues en main, si ces troupes font leur devoir,
aucune invasion du Corps législatif n'est à craindre.

Mais tout d'abord, et ceci est grave, l'unité de
commandement n'existe pas.

Parmi les troupes chargées de la défense, la
garde nationale est sous les ordres du général de
La Motte-Rouge; les troupes de la garnison, sous
ceux du général Soumain; la police, sous ceux du
préfet Pietri. Il n'y a pas sur place un chef prêt à
prendre les initiatives et les responsabilités.

Le commandant des troupes de ligne est un
vieux général fatigué, de Caussade, sans énergie,
sans décision.

Une partie de ces troupes, la garde nationale,
n'est pas sûre. Quant aux soldats de la ligne,
ébranlés par les nouvelles de Sedan, ils sont, beaucoup d'entre eux, de cœur avec la garde nationale
et les manifestants. On ne peut en somme compter
entièrement que sur la police et les gendarmes.

La plupart des députés arrivent dans les couloirs bien avant la séance, entre 10 et 11 heures.
Ils se trouvent, si l'on peut dire, devant le vide, le

gouvernement ne se décidant pas à apporter au Parlement la seule chose qui pourrait faire l'accord, l'abdication de l'Impératrice et la remise du pouvoir aux représentants de la nation.

L'opposition est pour la déchéance. Mais, effrayée par les événements, elle hésite à prendre d'aussi terribles responsabilités. Elle n'a d'ailleurs aucun moyen de faire passer cette motion à elle seule. Elle est bien obligée de s'entendre avec la majorité.

Au sein de cette majorité, des flottements commencent à se manifester. Beaucoup de députés sentent, au fond d'eux-mêmes, que l'Empire est perdu, qu'il n'y a qu'à s'incliner devant les faits. Si l'opposition y met des formes, une entente peut donc s'établir sur une formule transactionnelle qui, sans proclamer officiellement la déchéance, sacrifice par trop pénible aux bonapartistes, instituera, à défaut du mot, la chose elle-même. C'est à quoi s'emploie très énergiquement Thiers.

Désireux de rallier à ses vues la plupart de ses collègues, il avait déjà proposé cette formule : *le pouvoir vacant.* Craignant qu'elle ne paraisse encore trop hardie à la droite et au centre, il consent à la remplacer par ces mots : *Vu les circonstances,* ce qui, évidemment, ne signifie pas grand'chose. Mais s'il s'agit de recruter des votants, les parlementaires ne sont jamais effrayés par les formules imprécises. Ils les recherchent au contraire, justement parce qu'elles sont dépourvues de sens.

Nous voici en plein formalisme, en pleine cuisine parlementaire. Et ce travail, si l'on peut l'appeler de ce nom, va se poursuivre pendant des heures. On recherche des compromis, on élabore des ordres du jour. Cette élaboration demande du temps. Au lieu de prendre les décisions rapides, immédiates qui seules pourraient sauver la situation, on discute, on hésite, on tergiverse.

Cependant la foule grossit. La seule entrée du Palais-Bourbon est par la place de la Concorde, gardée militairement. La consigne est de ne laisser passer que les députés et les personnes munies de cartes. Mais cette consigne est assez mal exécutée.

Tandis que les députés de l'opposition et ceux de la majorité essaient, sans y parvenir assez vite, de s'entendre sur une résolution; tandis qu'au dehors la foule des manifestants grossit, que les gardes nationaux arrivent de plus en plus nombreux, une démarche suprême est tentée par quelques parlementaires pour arracher l'abdication à l'Impératrice, seule solution capable de couper court aux hésitations et aux désordres.

LE QUATRE SEPTEMBRE

Que veulent, en somme, les députés de la majorité? Ne pas prendre sur eux de renverser l'Empire à qui ils doivent tout, ne pas voter la déchéance, mais l'accepter comme un fait accompli. Il faut donc pousser l'Impératrice à se sacrifier dans l'intérêt du pays. Pendant la soirée, durant la nuit précédente, c'est à quoi Buffet et certains de ses collègues ont de leur mieux travaillé. L'Impératrice ne se décidant pas à accomplir le geste qu'on attend d'elle, le moment est venu de tout mettre en œuvre pour l'y décider.

Vers midi et demi, trois quarts d'heure avant l'ouverture de la séance, Buffet quitte le Palais-Bourbon accompagné de quelques députés, Daru, Kolb-Bernard. C'est le dernier lien qui essaie de se nouer entre le pouvoir législatif et le pouvoir exécutif. Arrivée aux Tuileries, la députation est aussitôt introduite auprès de l'Impératrice. Buffet prend la parole et expose sa thèse. Il essaie de voiler sous des formules vagues, des périphrases respectueuses, ce que sa requête a de pénible et de douloureux. Car dépouillée de tout artifice, elle se réduit à ceci : « Allez-vous-en. » Mais il a beau prier, supplier, l'Impératrice lui oppose le refus le plus ferme.

« On me demande, répond-elle, d'abandonner mon poste au milieu du péril. Je ne le ferai pas. Si l'on ne veut plus de moi, qu'on proclame la déchéance. Je ne m'en irai pas de moi-même. »

LA JOURNÉE DÉCISIVE

Daru joignant ses instances à celles de Buffet, l'Impératrice, fatiguée de cette insistance, s'en tire par une réponse évasive : « Eh bien, dit-elle, voyez mes ministres! »

C'est une fin de non-recevoir.

Tous les fils sont désormais rompus.

Au Palais-Bourbon, la séance est ouverte. Beaucoup de spectateurs dans les tribunes, où l'on remarque des dames en toilettes élégantes.

Le président Schneider paraît avec ses secrétaires, encadré d'une double haie de gardes nationaux. Après lecture du procès-verbal, protestation de Glais-Bizoin, dont le nom a été omis, la veille, au bas de la proposition de déchéance présentée par Jules Favre.

« C'est, déclare-t-il, notre unique planche de salut. »

De Kératry proteste contre la présence de forces de police au Palais, la jugeant attentatoire à la dignité du parlement.

« De quoi vous plaignez-vous? répond très à propos Palikao. De ce que je vous fais la mariée trop belle. Si je réunis des troupes autour de la

Chambre, n'est-ce pas pour mieux assurer la liberté de vos délibérations? »

La discussion s'engage aussitôt. Les députés se trouvent en présence de trois motions.

Celle du gouvernement soutenue par Palikao. Trois courts articles la composent :

Nomination d'un Conseil de gouvernement et de défense nationale, élu par le Corps législatif. Ce Conseil choisira les ministres. Palikao est nommé lieutenant-général de ce Conseil. Les deux premiers articles sont excellents. Le troisième est détestable.

Voilà à quoi ont abouti les délibérations, les discussions du gouvernement pendant les trente heures précédentes.

La solution proposée n'en est pas une. Donner et retenir ne vaut. On donne le pouvoir au Corps législatif pour le lui reprendre aussitôt par la présence ou plutôt la présidence de Palikao.

De ces trois articles, le dernier suffit pour rendre inexistants les deux autres.

Si Palikao doit conserver tous ses pouvoirs, en quoi la situation sera-t-elle changée?

Il faut ou faire confiance au Corps législatif, et dans ce cas, s'en remettre entièrement à lui; ou lui faire tête, et dans ce cas, se passer de lui.

A peine Palikao a-t-il énoncé sa proposition, ce

qui prend seulement quelques instants, que Jules Favre monte à la tribune pour demander la déchéance. C'est la solution *extrême*.

Thiers, lui, présente une solution *intermédiaire* : nomination d'un Comité de gouvernement et de défense nationale, laissant imprécise, omettant par prétérition, la question de savoir si l'empire est ou non supprimé. Il l'est de fait, sinon de droit, le Comité de défense élu par le Corps législatif devant assumer tous les pouvoirs.

Cependant l'agitation, le tumulte augmentent autour du Palais. Il suffit pour s'en rendre compte de regarder par les fenêtres ce qui se passe sur les quais ou sur la place. C'est à quoi beaucoup de députés ne manquent pas.

Il n'y a plus, semble-t-il, qu'à voter en toute hâte l'une des trois motions. Celle qui a, de beaucoup, le plus de chances d'être adoptée est celle de Thiers, à laquelle la majorité des députés est prête à se rallier.

Mais ici interviennent le formalisme, le byzantinisme parlementaires, qui ne perdent jamais leurs droits. L'urgence ayant été déclarée — certes, c'est le moment ou jamais de parler d'urgence — il faut, d'après un règlement sacro-saint, qu'elle soit examinée par une Commission, d'où nécessité pour les députés de quitter la salle des séances, de se réunir dans les bureaux, afin d'élire les

LE QUATRE SEPTEMBRE

membres de cette Commission. Que de compli-
cations, que de retards, alors que la digue est sur
le point d'être emportée. Mais les parlementaires
pratiquent l'urgence à la manière des choristes
de l'Opéra qui tout en restant immobiles chantent
pendant un quart d'heure : « Marchons! »

CHAPITRE VI

L'INVASION
DU CORPS LÉGISLATIF

TANDIS qu'au sein des bureaux, les députés discutent et votent sans se presser, la foule, envahissant le Palais-Bourbon, met fin à leurs discussions.

Comment s'opère cette invasion? De la façon la plus naturelle, la plus simple, par *un phénomène d'infiltration*.

La garde nationale rend cette infiltration possible, entr'ouvre tout d'abord les grilles et les portes aux manifestants, en attendant que grilles et portes leur soient ouvertes toutes grandes.

Le garde national est un être hybride, à la fois civil et soldat, infiniment moins soldat que civil. Son costume lui-même en est la preuve. Il offre, comme l'arc-en-ciel, toutes les transitions, toutes les nuances allant de la tenue militaire au vêtement bourgeois.

LE QUATRE SEPTEMBRE

Certains d'entre eux sont équipés, armés comme des soldats réguliers. Ils ont képi, vareuse, pantalon, ceinturon. C'est le plus petit nombre. D'autres arborent sur un pantalon civil, une vareuse militaire, ou réciproquement. D'autres enfin ne possèdent qu'un képi et parfois même l'empruntent à un camarade.

Déjà, la garde nationale avait joué un rôle important dans la révolution de 1848. Son rôle fut décisif dans celle du 4 Septembre.

Un bataillon de ces gardes concourait à la défense du Palais-Bourbon. Un journal du matin avait donné rendez-vous aux autres sur la place de la Concorde et devant le Corps législatif. Cet appel fut entendu. Des gardes de plus en plus nombreux se pressent devant la Chambre. On décide d'abord de ne laisser passer que ceux qui ont des armes, sur quoi ceux qui n'en avaient pas courent s'en procurer.

Un chef énergique, ayant tous les pouvoirs, donnant de sa personne, aurait pu sauver la situation. Trochu, pour les raisons que nous avons dites, a refusé d'être là. Le vieux général de Caussade qui commande, ahuri, effrayé, reste dans les couloirs sans donner aucun ordre, ou plutôt il en donne un, et cet ordre est fâcheux.

A la suite des députés et des ayants droit munis de cartes se sont glissés des gens qui n'en avaient pas. De chaque côté des grilles, entre ceux qui sont déjà passés et ceux qui désirent passer, ceux du dehors et ceux du dedans, s'échangent des cris, des signes, des appels. Un des questeurs de la Chambre ouvre une grille qui, par la manœuvre d'un garde national mettant son fusil en travers, ne peut plus se refermer. Par cette issue ouverte se précipitent quantité de gens, d'où une première brèche à la digue.

La police tient encore. Elle est à peu près seule à tenir. Si on la laisse faire, elle peut, à la rigueur, endiguer le flot. Le général de Caus de, adjuré, pressé par des demandes qui lui viennent de tous côtés, soucieux peut-être d'éviter une catastrophe et l'effusion de sang, lui fait dire, à ce qu'ont prétendu quelques-uns des témoins, car le fait n'est pas absolument prouvé, de se replier, de céder la place à la garde nationale. Dès lors les dernières résistances sont emportées; le Corps législatif est envahi de tous les côtés à la fois.

Les manifestants pénètrent dans les couloirs, dans les tribunes. Beaucoup d'entre eux, venus ici pour la première fois, ne connaissant pas la disposition des lieux, s'agitent, tournoient dans les corridors sans arriver à trouver une issue. Il ne s'agit point d'une attaque en règle, organisée par des gens décidés, sachant exactement ce qu'ils veulent et où ils vont. Le gros de ces envahisseurs est composé de curieux dont la pression, de plus en plus forte, s'exerçant sur une barrière peu solide, peu ou point étayée, a fini par la faire céder.

Ludovic Halévy, qui assistait à cette scène, a, de sa plume alerte, fort bien décrit cette infiltration.

Une fois dans la place, les intrus envahissent peu à peu les tribunes, avançant la tête pour voir ce qui se passe au-dessous d'eux, finissant par serrer, par écraser, les personnes assises au premier rang. Bientôt, quand il n'y a plus de place dans les couloirs, dans les tribunes, ils envahissent la salle elle-même. C'est le dernier acte.

Quelques émeutiers professionnels, des spécialistes du coup de main, se sont glissés naturellement dans cette foule.

En vain, les députés que le tumulte a fait sortir des bureaux où ils délibéraient, adjurent-ils les manifestants de se retirer, de ne pas rendre impossibles les graves décisions qui vont être prises. Peine perdue. Le flot est maintenant trop puissant. Rien ne saurait le contenir. Repoussé d'un côté, il revient de l'autre. Il y a là des orateurs de réunion publique, entre autres un certain Cavalier, dit Pipe en bois, qui s'est fait quelque réputation en sifflant une pièce des Goncourt au Français.

Quand l'invasion est achevée, quand il n'y a

AU CORPS LÉGISLATIF

plus de parlement, mais une cohue sans nom, la Commission chargée de rapporter le projet et comprenant Buffet, Martel, Jossau, Daru, Dupuy de Lome, s'est enfin mise d'accord — mais il est bien temps — sur un texte ainsi conçu :

« Vu les circonstances, la Chambre élit une Commission de cinq membres, choisis par le Corps législatif. Cette Commission nomme les ministres. Une Assemblée constituante sera réunie aussitôt que les circonstances le permettront. Elle se prononcera sur la forme du gouvernement. »

C'est une aggravation sensible du projet Thiers. Le Corps législatif saisit le pouvoir et prononce ouvertement la déchéance. Prise, connue quelques heures plus tôt, cette décision aurait peut-être tout sauvé. Maintenant, il est trop tard.

A 2 heures et demie, Schneider remonte à son fauteuil, Magnin est à sa gauche, Palikao au banc du gouvernement.

Au même moment, le tumulte redouble dans les tribunes ; on entend des coups de crosses sur la deuxième porte d'entrée des Pas-Perdus. Tout le panneau s'effondre dans un grand bruit de glaces brisées. Seuls demeurent à leurs bancs quelques députés d'extrême gauche.

Cochery, de l'intérieur, par cette porte défoncée, harangue la foule qui se trouve dans la salle des Pas-Perdus.

LE QUATRE SEPTEMBRE

A la place du rapporteur de la Commission, Martel, qui s'apprête à lire la motion, Gambetta essaie de faire entendre raison à la foule :

« Messieurs, crie-t-il au milieu du tumulte grandissant, la condition de l'émancipation populaire c'est la règle, et je sais que vous êtes résolus à la respecter! Vous avez voulu la déchéance. »

Cris : « Oui, Oui. »

Une voix : « Pas de phrases. Des faits. Nous demandons la république. »

Gambetta : « Il faut la déchéance. Mais laissez-nous la liberté des discussions. »

L'agitation augmente dans les tribunes circulaires.

Cris : « La déchéance! la république! »

Jules Simon, de son banc : « Un peu de silence, messieurs! »

A quoi une voix tombant des tribunes supérieures : « Nous voulons la république démocratique. Voilà vingt ans que nous l'attendons. Dépêchez-vous. »

Gambetta descend un instant pour s'entretenir avec le groupe qui sort des bureaux.

Crémieux monte à la tribune.

Schneider est debout, les bras croisés, attendant que le silence se fasse.

Crémieux : « Je suis le citoyen Crémieux. Nous sommes engagés à voter la déchéance. »

AU CORPS LÉGISLATIF

Une voix : « La majorité. »

Crémieux : « Elle est aveugle! »

Gambetta revient et monte à la tribune à côté de Crémieux.

Cris : « La déchéance, la république! »

Une voix : « Pas de rhétorique! »

Une autre : « Pas de trahison! A bas la majorité! »

Les groupes, dans les tribunes du premier rang et dans celles des sénateurs, arborent un drapeau tricolore.

Gambetta conseille d'organiser dans les tribunes un service d'ordre dont se chargeront quelques citoyens.

Une voix : « Le président est à son poste. Pourquoi les députés ne sont-ils pas au leur? »

Schneider loue le patriotisme de Gambetta et adjure le public de faire silence.

Une voix : « On vous connaît. »

Un député : « Suspendez la séance, monsieur le président. »

Palikao s'en va faisant à Schneider un geste pour expliquer son départ. Beaucoup de députés sortent par les couloirs de droite. Schneider, sentant que tout est fini, se couvre et descend. Il revient peu après et se découvre sur les instances des députés.

Steenakers monte près du président. Gambetta et de Kératry sont maintenant à la tribune. Le bruit se répand que le gouvernement provisoire est constitué au dehors. Du pourtour, les députés s'adressent au public.

Gambetta réclame le silence : « Nous ne pouvons sortir d'ici qu'avec un résultat affirmatif. » (*Bravos, Acclamations.*)

A ce moment, trois heures, quelques personnes pénètrent par la porte du fond qui fait face au bureau. Les députés tentent de les refouler. La salle est complètement envahie. Cris : « Vive la république! » Le tumulte est à son comble.

Schneider déclare la séance levée. Des gardes nationaux pénètrent par les couloirs de droite et de gauche, la foule envahit l'hémicycle, entoure les secrétaires rédacteurs et les sténographes. Schneider se retire.

Arrivé dans les couloirs, il a peine à échapper aux manifestants. Son veston et son cordon de la Légion d'honneur sont déchirés. Palikao a le même sort. Deux jeunes gens escaladent l'escalier de la tribune, en se cramponnant au rebord de marbre. Ils arrivent au fauteuil en même temps. Jules Ferry les fait expulser. On remarque que les gardes nationaux ont arraché les aigles qui ornaient leur shako.

AU CORPS LÉGISLATIF

Nous voici maintenant au moment décisif, au tournant de cette histoire. Gambetta, dans son âme de tribun, sent instinctivement que la situation est parlementairement sans issue, pour la simple raison, qu'il n'existe plus de Parlement. Les députés se sont évanouis, ils sont éparpillés, noyés au milieu du peuple désormais souverain. C'est à lui qu'il faut parler, c'est avec lui qu'il faut traiter, chose terriblement difficile. Les motions, les ordres du jour, il ne saurait s'en contenter. C'est bon pour des parlementaires. Il réclame, lui, des nourritures plus solides. Gambetta s'efforce de les lui donner. Hésitant jusque-là, presque timoré, instantanément, sous la pression impérieuse des faits, il jette au peuple, pour qu'il s'en repaisse, la déchéance d'abord, puis la république.

« Citoyens, crie-t-il, attendu que la patrie est en danger, que tout le temps nécessaire a été donné à la représentation nationale pour déclarer la déchéance, attendu que nous sommes et que nous possédons le pouvoir régulier, nous déclarons que Louis-Napoléon Bonaparte et sa dynastie ont à jamais cessé de régner sur la France. »

(Bravos, salves d'applaudissements.)

Un citoyen : « Et la république? »

LE QUATRE SEPTEMBRE

Un autre debout : « La déchéance d'abord, la république ensuite. »

Une voix : « Et surtout, plus d'empire! »

Un jeune homme, un étudiant, croit-on : « Il est tombé avec son chef qui n'a même pas su mourir. »

(*Tumulte, cris divers dans la foule.*)

Jules Favre, à ce moment rejoint Gambetta.

Un garde national : « Tambours, battez aux champs! »

Jules Favre : « Laissez-nous parler. »

Il est impossible d'obtenir le silence. Les tambours battent dans les couloirs.

Jules Favre : « Voulez-vous ou non la guerre civile? »

Des voix : « Non, non, la guerre aux Prussiens. »

Jules Favre : « Alors, il faut que nous constituions un gouvernement provisoire. »

Des voix : « A l'Hôtel de Ville, alors. »

Cris : « Vive la république! Vive la France! »

Jules Favre : « Pas de journée sanglante. La république, ce n'est pas ici que vous devez la proclamer, c'est à l'Hôtel de Ville. »

Un jeune homme s'élance à la tribune en criant : « La république ici. »

Les gardes nationaux veulent le faire descendre. Il se débat en criant : « La république ici et tout de suite. »

Gambetta, unissant sa voix à celle de Favre :

AU CORPS LÉGISLATIF

« Oui, la république. Allons à l'Hôtel de Ville. »

Ils descendent de la tribune et sortent par le couloir de gauche.

Un citoyen : « A l'Hôtel de Ville, et nos députés à notre tête. »

Cris : « A bas l'Empereur. Vive la république, vive Gambetta ! »

Entre temps des assistants ont tracé en grosses lettres, sur des feuilles de papier, ces mots : « A l'Hôtel de Ville. »

Le rôle du Palais-Bourbon est terminé. L'action et l'intérêt se portent ailleurs.

Qui a le premier crié *A l'Hôtel de Ville*, détournant ainsi, dérivant vers une autre destination le flot qui menaçait de tout emporter?

Il semble, d'après tous les témoignages, que ce soit Jules Favre. Il s'est expliqué là-dessus plus tard. Il a déclaré dans sa déposition : « Il y a des moments de la vie où l'on ne réfléchit pas, où l'on agit. »

Par une explosion soudaine, les vieux souvenirs, les traditions révolutionnaires remontent instantanément à son esprit. Ce cri déterminant un brusque départ, ouvre momentanément une issue : c'est la soupape de sûreté.

LE QUATRE SEPTEMBRE

*
* *

Ainsi se clôt ce premier acte, dans l'agitation et le tumulte.

Cette foule envahissante qui, par sa seule présence, met fin aux délibérations du Corps législatif, comprend plus de bourgeois que d'hommes du peuple. Elle n'exerce aucune violence. La manifestation ne prend à aucun moment le caractère d'une émeute. Même les plus impopulaires, les plus détestés, ceux qui incarnent le régime mourant, le président Schneider, Palikao, peuvent s'en aller librement sans qu'il leur soit fait aucun mal.

Cette invasion, d'autre part, ce coup de force résulte beaucoup moins d'un plan soigneusement délibéré que d'un simple concours de circonstances. Certes, la révolution était dans l'air. Rien ne le prouve autant que la curieuse anecdote racontée par Ludovic Halévy : « Un des questeurs de la Chambre reçoit, le 3 septembre, une lettre d'un de ses amis lui demandant deux places de tribune pour le lendemain, afin de voir, dit-il, « comment s'accomplit une révolution. »

La principale cause de cet envahissement résulte de l'insuffisance des mesures d'ordre, surtout de l'absence d'un chef véritable. Les troupes chargées de protéger le Corps législatif pouvaient parfaitement s'acquitter de leur tâche, à la condition d'être commandées. Mais personne ne les commande.

La garde nationale, par ailleurs, ouvre littéralement les portes aux envahisseurs. Elle les laisse entrer parce qu'elle est, dans sa grande majorité, de cœur avec eux.

Le long, l'invraisemblable retard apporté aux décisions nécessaires produit ses conséquences fatales. Ministres et députés se dérobant, le peuple intervient et impose sa solution. Dès la journée ou la nuit du 3 septembre, dès la matinée du 4 en tous cas, il fallait faire quelque chose, prendre une résolution. Le gouvernement n'en prend aucune.

Le Corps législatif, qui pouvait et devait se substituer à un ministère défaillant, prolonge démesurément la délibération, l'indécision, ne parvient pas à temps à substituer sa volonté à celle des ministres.

Les députés de l'opposition se montrent presque aussi lents, aussi inertes que ceux de la majorité. Rien n'est plus curieux, plus significatif que le cas de Gambetta. Il faut la violation du Palais-Bourbon pour l'amener, à la dernière minute, à proclamer la déchéance et la république. Il y voit l'unique planche de salut. Mais il ne s'y décide que lorsqu'il ne peut plus faire autrement.

CHAPITRE VII

L'INVASION DES TUILERIES

Depuis le conseil des ministres qui s'est terminé vers la fin de la matinée, l'Impératrice, s'en remettant plus ou moins à la volonté du Corps législatif, renonce, par cela même, à jouer un rôle.

Les décisions importantes, essentielles, seront prises en dehors d'elle. Les Tuileries ne comptent plus comme facteur politique. Peuvent-elles encore compter comme facteur militaire?

Il y a, pour garder le palais, des forces à la rigueur suffisantes, composées de soldats dévoués et commandées par un chef énergique, le général Mellinet. Mais à quoi servirait leur intervention? Dès le matin, l'Impératrice a fait donner l'ordre formel au général Lepic, de sa maison militaire, de n'employer en aucun cas la force pour résister aux manifestants, d'éviter toute effusion de sang. Cet ordre est répété au général Mellinet, à une ou deux reprises, dans l'après-midi, au moment le plus critique, quand le palais va être envahi. Toute possibilité de résistance, matérielle et morale, se trouve par cela même exclue. Le palais et ses occupants sont à la merci des événements. L'invasion des Tuileries, des jardins d'abord, puis du palais, s'effectuera plus facilement encore que celle du Palais-Bourbon.

Des groupes nombreux, des colonnes de manifestants se trouvaient sur la place de la Concorde et dans la rue de Rivoli. Lorsque parvient la nouvelle que le Corps législatif est envahi, bientôt après, lorsqu'une partie des envahisseurs suit les députés en marche vers l'Hôtel de Ville, l'affluence, l'animation se font de plus en plus grandes autour des Tuileries.

La foule commence par forcer, du côté de la place de la Concorde, les grilles dont les aigles ont été arrachées. Une colonne, conduite par des gardes mobiles, des soldats de la garde nationale, dépasse le grand bassin et arrive devant la grille fermant les jardins réservés. Elle s'arrête. De l'autre côté de la grille, il y a une compagnie de voltigeurs de la garde, composée de vieux soldats très sûrs, commandée par le général Mellinet.

Un choc va-t-il se produire?

Cris dans la foule : « Vive la république! Vive l'armée! »

LE QUATRE SEPTEMBRE

Un garde mobile, Louis Ravenez, est désigné ou se désigne lui-même pour parlementer avec le général. Il est accompagné de Victorien Sardou, grand curieux devant l'Éternel, toujours prêt à se glisser au premier rang lorsqu'il arrive quelque part des événements intéressants.

Cette délégation s'approche du général, lui demande de s'en remettre à la garde nationale du soin de veiller sur le palais, de laisser pénétrer le public dans les jardins et dans les bâtiments, en prenant l'engagement qu'aucun désordre ne sera commis. Mellinet, qui vient d'avoir un entretien avec l'Impératrice, a reçu une fois de plus l'ordre de ne pas se servir de ses armes. Que pourrait-il faire? Il est bien obligé d'accorder ce qu'on lui demande. Il consent à retirer ses hommes, sous réserve qu'il ne sera causé aucune violence, faute de quoi, dit-il, ils se serviraient aussitôt de leurs armes.

Les gardes nationaux et les mobiles forment la haie sous le péristyle qui va des Tuileries à la cour du Carrousel. La foule défile en poussant des acclamations.

Demeurée dans le salon d'attente qui précède sa chambre à coucher, l'Impératrice est au milieu de ses dames d'honneur, toutes fidèles à leur poste. Il y a là la maréchale Canrobert, la baronne de Bourgoing, madame Le Breton-Bourbaki, la comtesse de la Poêze, etc., des hommes de son entourage, l'amiral Jurien de la Gravière, le comte de Cossé-Brissac, le lieutenant de vaisseau Conneau, M. Filon, précepteur du prince impérial, soit une quarantaine de personnes environ.

De quart d'heure en quart d'heure, on la tient au courant de ce qui se passe au Palais-Bourbon.

Arrivant en toute hâte, Henri Chevreau annonce l'invasion du Corps législatif :

« Tout est fini, dit-il. La révolution triomphe. »

Jérôme David le suit, confirme son récit et ajoute de nouveaux détails. Il conseille vivement à la souveraine de fuir sans une minute de retard.

« Tout est fini, » répète celle-ci. Puis, pensant à Trochu qu'elle déteste : « Alors, ce pauvre général est mort. » Il lui avait en effet juré, le matin même, que l'ordre serait maintenu.

Pietri fait parvenir des rapports de plus en plus alarmants.

On entend les clameurs de la foule qui, maintenue à grand'peine, est sur le point d'envahir le palais. L'Impératrice, dans une de ses voitures, envoie en toute hâte chercher Pietri qui accourt et insiste à nouveau, de la manière la plus pressante, pour que le départ ait lieu immédiatement.

Vers deux heures, la princesse Clotilde est venue prendre congé de la souveraine.

Ses familiers s'approchent d'elle et lui baisent

la main avec exaltation. L'un d'eux appelle ces instants « les adieux de Chimène. »

Deux diplomates, familiers des Tuileries où ils ont leurs petites entrées, viennent, ce qui est à leur honneur, se mettre, dans ces circonstances tragiques, au service de la souveraine, le prince de Metternich, ambassadeur d'Autriche, et Nigra, ministre d'Italie.

« Eh bien! chevalier, dit à ce dernier une des dames d'honneur, vous avez donc pu traverser la foule.

— Il y a quelque peu de monde, » répond-il simplement.

Le mieux est, pour protéger tant bien que mal cette fuite, de recourir aux bons offices de Metternich et de Nigra qui sont couverts par leur immunité diplomatique.

Cossé-Brissac, s'adressant d'une voix ferme à toute l'assistance :

« Sa Majesté, dit-il, vous remercie et vous invite à vous retirer tous. »

Quelques instants se passent. Personne n'obéit.

« Vous avez entendu l'ordre de l'Impératrice. Sa Majesté vous donne congé et insiste pour que tout le monde se retire. »

Avant de quitter cette pièce, l'Impératrice jette un regard sur les portraits de l'Empereur et du prince impérial, s'agenouille dans son oratoire et se dirige vers la galerie au bord de l'eau. Elle rentre à nouveau pour dire adieu aux sœurs de l'ambulance qu'elle a installée dans le palais. A ce moment on entend un grand bruit :

« Mon Dieu ! s'écrie-t-elle, les voilà. Adieu. Prenez garde à mes blessés. Qu'il n'arrive du mal à personne. »

Elle est entraînée par le prince de Metternich.

Ayant à peine eu le temps de jeter sur ses épaules un mince manteau, d'emporter quelques miniatures qui se trouvaient dans sa chambre, elle est, dans sa précipitation, partie sans argent. Elle gardait dans une cassette 40 000 francs en or que le maréchal Vaillant lui apporte, mais sans parvenir à la rejoindre.

Le régisseur du palais prend la tête de ce lugubre cortège. On se heurte à des portes fermées, à des concierges qui ne veulent pas les ouvrir. Il faut en effet passer par toutes les portes conduisant aux galeries de la salle des États. Le régisseur, affolé, perd la tête.

Un de ses collègues le remplace, se fait, non sans peine, ouvrir la porte de séparation entre la cour Napoléon et le vieux Louvre. Le concierge de cette porte réclame d'abord un ordre écrit; mais, après beaucoup d'hésitation, il finit par ouvrir.

En bas de la salle des États, nouvel arrêt; à

l'extrémité de la galerie, une porte donne accès dans le pavillon de Flore.

Arrivent le prince de Metternich, porteur d'une couverture de voyage, l'Impératrice couverte d'un waterproof marron. Dans sa main droite, une ombrelle verte, à volants. Nigra suit avec Mme Le Breton, puis Conti et le lieutenant de vaisseau Conneau. Le régisseur s'avance. Toutes les issues sont libres.

L'Impératrice, jetant un regard sur la foule, très nombreuse au dehors :

« Ah! vous voyez bien, dit-elle, nous ne pourrons plus partir. Il est trop tard. La foule va tirer sur notre voiture. »

Metternich, l'entraînant de force : « Allons, Madame, il le faut. »

En haut de l'escalier du musée égyptien, l'Impératrice renvoie Conti et Conneau, remercie le régisseur. On attend un instant la voiture de Metternich; mais la foule arrivant en masse du côté des quais et de la rue de Rivoli, vers la place Saint-Germain-l'Auxerrois, Nigra pousse l'Impératrice vers un fiacre qui passait, où elle s'engouffre avec Mme Le Breton.

Un gamin de Paris, un « titi », s'écria, paraît-il, au moment où elle montait en voiture : « Tiens! l'Impératrice! » Ce cri reste sans écho. Le fiacre avait déjà filé.

L'INVASION DES TUILERIES

*
* *

Rien de plus émouvant que cette fuite à travers le vaste palais aux trois quarts abandonné, le long des couloirs et des salles désertes, par tant de portes qui tout d'abord demeurent closes.

Ce qui suit est plus émouvant encore.

Voici les deux femmes perdues, toutes seules, au milieu d'une foule immense, dans une ville en révolution.

Que faire? Où se diriger?

L'Impératrice songe d'abord à un de ses amis, un conseiller d'État, qui habite boulevard Malesherbes. Elles s'y font conduire. Il n'y a malheureusement personne chez lui. Nouveau départ; nouvel arrêt chez un autre ami, avenue de Wagram, qui est absent lui aussi. Cet exode lamentable continue jusqu'à ce qu'en fin de compte l'Impératrice pense à son dentiste, le docteur Évans, qui demeure avenue du Bois-de-Boulogne. Elles tombent chez lui à l'improviste, alors qu'il allait se mettre à table pour dîner avec quelques invités. Il les accueille, les garde dans sa maison, s'emploie avec autant d'intelligence que de dévouement à organiser leur départ pour l'Angleterre. Elles partent la nuit même dans sa voiture et arrivent à Deauville. Il se trouve justement dans le port un yacht anglais appartenant à Sir John Burgoyne. Ce dernier, très galant, le met immédiatement à leur disposition. Mais c'est l'heure de la marée basse. Le bateau est mouillé à une demi-lieue de la côte. Il faut, pour le rejoindre, faire à pied le trajet à travers le sable humide et les flaques d'eau.

A peine à bord, un vent très violent s'élève. La traversée est horrible. Le petit bateau, secoué par les lames, est à demi désemparé. Après vingt-six heures de mer, on arrive enfin à Hastings. L'Impératrice et sa suivante, les jupes trempées, salies, mal en point, sont d'un aspect si minable que le premier hôtel refusa, paraît-il, de les recevoir. Elles trouvent enfin un refuge, une mauvaise chambre, sous les combles, dans un autre, l'hôtel de la Marine.

Au cours de ces tribulations, de ces épreuves, l'Impératrice fait preuve du plus grand sang-froid. Son énergie, son courage ne l'abandonnent jamais. On peut penser d'elle ce qu'on voudra. Les événements, quand on les observe sans parti pris, autorisent à ne pas en penser beaucoup de bien. Il est certain que, les derniers temps surtout, son influence fut très mauvaise. Chez les Napoléon, le grand comme le petit, il existe un côté joueur, risque-tout, aventureux, presque aventurier. La France, sur laquelle ils ont mis la main,

ils la considèrent toujours plus ou moins comme
un bien dont ils peuvent disposer à leur guise,
qu'ils ont le droit de jeter sur le tapis, quitte à le
perdre, d'un seul coup, et eux avec. L'Impératrice
est pleinement, à cet égard, l'associée de l'empereur.

Mais la partie perdue, elle fait courageusement
tête à la fortune. Au lieu de s'abandonner, elle se
raidit.

CHAPITRE VIII

A L'HOTEL DE VILLE

IL est un peu plus de trois heures quand Jules
Favre, Gambetta, de Kératry, Jules Ferry,
suivis d'un grand nombre de manifestants,
quittent le Palais-Bourbon pour l'Hôtel de Ville.
Leur colonne traverse la Concorde. La place est
noire de monde, ainsi que la rue Royale jusqu'à la
Madeleine.

Quelqu'un crie : « Aux Tuileries! » A quoi les
députés répondent par un signe impérieux de
suivre les quais.

A la grille Solférino, la colonne rencontre le
général Trochu, à cheval, entouré de son état-
major.

Que fait-il là?

Il se dirige vers le Corps législatif, appelé d'urgence par un questeur, Lebreton, pour y rétablir
l'ordre. Trop tard! Car il n'y a plus de Corps législatif. Trochu ressemble assez aux carabiniers

d'Offenbach. Mais peut-être y a-t-il une autre explication. C'est ce que déclare expressément de Kératry, bien placé pour tout savoir.

« J'étais certain, dit-il, que nous rencontrerions en route le général Trochu, dont le concours était nécessaire à l'issue de la révolution. » Voilà une certitude qui donne à penser. Il y aurait eu, dans ce cas, des communications plus ou moins secrètes entre l'opposition et le gouverneur.

Le rôle de Trochu durant ces journées est singulier, énigmatique. Froissé dans son amour-propre, détestant l'Impératrice et son entourage, il saisit assez volontiers, semble-t-il, le prétexte qui lui est offert, la violation par Palikao des règles de la discipline et de la hiérarchie, pour se désintéresser du maintien de l'ordre au Palais-Bourbon, se croiser les bras en laissant aller les événements.

Il s'est rendu avec beaucoup de retard, dans la matinée du 4, à la convocation de l'Impératrice qui l'avait fait demander la veille. A sa sortie des Tuileries, il ne s'occupe de rien, ne donne aucun ordre. Et voilà que, juste au moment où les députés de l'opposition s'en vont à l'Hôtel de Ville pour y proclamer la république, y créer un nouveau gouvernement, il se trouve sur leur chemin. Le hasard seul explique-t-il cette rencontre? Ce qu'on appelle le hasard, dans les événements humains, est toujours chose complexe, résultant de multiples facteurs. L'état d'esprit de Trochu, son tempérament, son caractère, son désir évident de jouer un rôle dans le nouvel état de choses, laissent supposer que ce hasard fut quelque peu aidé par lui.

Entre Jules Favre, tête de colonne, et le gouverneur, se seraient échangés ces étranges propos :

« Général, où allez-vous?

— Je vais tâcher de sauver l'Assemblée.

— A l'heure qu'il est, répond Favre, l'Assemblée est envahie. J'y étais. Je connais l'affaire. Je suis M. Jules Favre.

« Voilà, ajoute-t-il, le comble du désastre, une révolution au milieu de la défaite. Les démagogues qui voudraient en bénéficier conduisent la France à l'abîme, si nous n'intervenons pas. Nous allons à l'Hôtel de Ville où seront tous ceux qui désirent sauver le pays.

— Monsieur, aurait répondu Trochu, je ne puis prendre en ce moment une telle décision. »

Mais il devait, sans trop de peine, la prendre une heure plus tard.

Après cette rencontre, Trochu rentre à son palais; Jules Favre et Ferry continuent leur route sur la rive droite, tandis que Gambetta et Spuller ont suivi la rive gauche. Les deux colonnes arrivent en même temps à l'Hôtel de Ville, au moment où un bataillon d'infanterie se présentait pour l'occuper.

Un proverbe russe très connu dit : « *Celui qui prend le bâton devient caporal.* »

Ce n'est pas en Russie seulement que les événements se chargent d'en démontrer la vérité.

Un des premiers à prendre le bâton, le premier même, semble-t-il, est le vieux vétéran des révolutions, Étienne Arago. A peine les futurs membres du gouvernement sont-ils arrivés devant l'Hôtel de Ville, qu'on entend des cris : « Arago, maire de Paris. » Qui les a poussés? Les amis d'Arago sans doute; peut-être Arago lui-même. En tous cas, la désignation s'opère avec une extrême rapidité. Arago, suivi de quelques lieutenants, prend sur-le-champ possession de son poste. Il se fait ouvrir les portes des bureaux, sans oublier les tiroirs. Il choisit Floquet comme un des adjoints, nomme ses secrétaires et commence à rédiger sa proclamation,

Voilà un homme qui ne perd ni la tête, ni le temps, sachant, par expérience, que, dans une révolution, les minutes sont précieuses. Comme il a raison de se presser! Arrive sur ces entrefaites Henri Rochefort, très aimé, très populaire à cause de sa vigoureuse campagne contre l'Empire.

LE QUATRE SEPTEMBRE

Ses électeurs, dès les premières nouvelles de la révolution, se sont empressés d'aller le délivrer à Sainte-Pélagie.

On entend des cris : « Rochefort, maire de Paris ! »
Trop tard, la place est déjà prise.

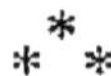

Les jours précédents, la matinée, l'après-midi de ce jour-ci, nous avons vu les hommes et les corps constitués, sans cesse en retard sur les décisions nécessaires, sans cesse dépassés par les événements.

C'est un glissement perpétuel des forces naturelles s'opposant à la volonté des hommes, d'autant plus rapide qu'il approche de son terme : *motus in fine velocior*.

Les députés, qui viennent d'être en retard au Palais-Bourbon, seront-ils en retard à l'Hôtel de Ville ? Trouveront-ils devant eux le peuple qui confisquera la révolution ?

Instruits par ce qui vient de se passer, sentant que, s'ils ne se hâtent, s'ils ne se pressent, ils vont être débordés, ils ne perdent pas un instant cette fois.

L'Hôtel de Ville, la cour, les escaliers sont pleins de gardes nationaux. Certains tableaux sont crevés d'autres retournés contre le mur; le sol couvert de papier déchirés.

En même temps que les députés arrivent à l'Hôtel de Ville les chefs du parti révolutionnaire : Millière, Delescluzes, Blanqui, tous les professionnels de l'émeute, les futurs dirigeants de la Commune.

La présence de quelques-uns d'entre eux avait été déjà signalée au Palais-Bourbon. Ils en sont sortis en même temps que les députés, pressés de se rendre comme eux à l'Hôtel de Ville, désireux de prendre la tête du mouvement.

Voici donc les deux partis en présence, d'un côté les parlementaires, de l'autre les futurs communards. Qui des deux l'emportera? Qui des deux arrivera premier? C'est une course au clocher, une question, non pas d'heures, mais de minutes. Millière, Delescluzes commencent à dresser des listes qui circulent de mains en mains, qu'on jette par les fenêtres à la foule des manifestants. C'est un des procédés habituels des révolutionnaires. Elles contiennent les noms de tous leurs chefs : Blanqui, Flourens, Delescluzes, Félix Piat, sans oublier Rochefort, le plus connu, le plus populaire de tous.

Talonnés par cette compétition, sentant autour d'eux, à côté d'eux, rôder leurs adversaires, les députés n'ont qu'une ressource : constituer en quelques minutes leur gouvernement. Ils ne commettront pas la faute commise il y a deux heures, au Palais-Bourbon. Ils ne vont pas s'attarder en palabres et en discussions. C'est justement pour couper court à toute discussion que l'un d'eux, pris d'une inspiration géniale, s'écrie : « Les députés de Paris au gouvernement! »

Ferry a du courage, de la décision. C'est à lui, semble-t-il, que revient le mérite de cette décision qui, à la dernière minute, sauve tout. Ce cri est le pendant de celui qu'a poussé peu auparavant Jules Favre, lorsqu'il a entraîné, du Palais-Bourbon, les manifestants vers l'Hôtel de Ville. Comme toujours, cette inspiration très heureuse, dictée avant tout par les circonstances, par la nécessité de se hâter, s'explique par des souvenirs et des traditions révolutionnaires. En 1848, Ledru-Rollin avait proposé une solution analogue. Les deux premières semaines de la guerre, on avait songé à mettre les députés de Paris au Comité de défense. Les hommes qui mènent ou croient mener les révolutions sont, consciemment ou non, menés eux-mêmes par un petit nombre de formules qui se répètent plus ou moins. Ils sont conduits à accomplir les mêmes gestes, à passer par les mêmes chemins que leurs devanciers.

La formule, en tous cas, est nette, simple, catégorique. Les assistants, et surtout les bénéficiaires s'y rallient instantanément. Les députés composant le nouveau gouvernement passent dans un petit cabinet attenant au bureau du préfet.

A ce moment arrive Rochefort, le grand triomphateur de la journée. Il a sur ses collègues une supériorité indiscutable : celle de sortir de prison.

Qui l'aura avec lui, les révolutionnaires, les futurs communards, ou bien les parlementaires? Selon qu'il ira d'un côté ou de l'autre, il peut, sans que d'ailleurs il s'en rende compte, faire pencher la balance de ce côté.

A peine arrivé, Millière, Delescluzes essaient de le confisquer. On le hisse sur une table. On lui fait lire un papier. On entend des cris : « Rochefort, maire de Paris. »

Floquet, qui vient d'être nommé adjoint, accourt, crie à Rochefort : « Mais il y a déjà un maire, Arago. »

Il ajoute cet argument décisif : « Tu es, toi, membre du gouvernement. Ta place est avec les députés. »

Tous ces parlementaires ont, comme on voit, le tutoiement facile, instantané. Jules Ferry vient à la rescousse.

Que va faire Rochefort, tiraillé de la sorte entre des appels, des forces contradictoires?

Il est homme de plume beaucoup plus qu'homme d'action. Les discussions, les réunions publiques l'émotionnent, l'intimident. Il y perd presque immédiatement son sang-froid. Il a failli s'évanouir, c'est lui-même qui le raconte, lors de la manifestation pour les obsèques de Victor Noir. Il suit ses collègues du Parlement qui le prennent avec eux. En prison le matin même, le voilà dans le ministère l'après-midi, et bien étonné, certes, de s'y voir, beaucoup plus que le doge de l'histoire.

La liste du gouvernement est faite en quelques instants. Entre quelques-uns de ses membres s'engage une nouvelle course au clocher : celle des portefeuilles.

Qui aura le ministère de l'Intérieur, le plus important, le plus désiré? Gambetta le veut, Picard aussi.

Gambetta, plus décidé, plus impétueux, se dit que le ministère appartient à celui qui ira le premier l'occuper. Il part, sans perdre une minute, pour s'y installer.

Les parlementaires ont ainsi gagné de vitesse les révolutionnaires leurs concurrents. Ils ont constitué un gouvernement. Seulement ce gouvernement est en l'air; pour qu'il puisse descendre sur terre, prendre racine, se consolider, la force militaire lui est indispensable. Ces députés, presque tous avocats, ont besoin d'avoir avec eux un ou deux généraux. Car, après tout, la France est en guerre et quelle guerre! A supposer que les révolutionnaires l'aient un peu oublié, les Prussiens, qui seront là dans quelques jours, se chargeront de dissiper cet oubli.

Un seul général est possible, parce qu'il est sur place, chef de la garnison, populaire, on ne sait d'ailleurs trop pourquoi, ayant déjà pris contact avec les chefs du nouveau gouvernement, Trochu.

Sa présence est indispensable. Sans lui, on ne peut rien. Ceux qui vont solliciter son concours ont le sentiment qu'ils n'auront pas beaucoup de mal à l'obtenir. Leurs prévisions sont pleinement justifiées.

On lui dépêche deux émissaires : Glais-Bizoin et Steenackers, chargés de demander, de réclamer sa venue immédiate.

De retour à son palais, Trochu apprend l'invasion des Tuileries. Il s'en est désintéressé, exactement comme du Palais-Bourbon. Vers six heures, les deux envoyés du gouvernement viennent le trouver. Ils lui communiquent la liste des ministres dont, par une habile supercherie, ils ont escamoté Rochefort, sachant que ce nom-là risque d'agir sur lui comme un épouvantail. Trochu ne se fait pas beaucoup prier. Le temps de se mettre en pékin et il part.

« Je vais là-bas, dit-il à son entourage, faire le Lamartine. »

LE QUATRE SEPTEMBRE

Cette phrase éclaire tout. Tout ce qu'il y a de grandiloquent, de pompeux et même de pompier chez ce général politicien, apparaît ici en pleine lumière. Trochu est avant tout un acteur, on pourrait dire un cabotin, en quête de manifestations et d'effets oratoires, ayant toujours un discours à placer.

A peine arrivé à l'Hôtel de Ville, comme ses futurs collègues l'adjurent de se joindre à eux, le premier mot qu'il leur adresse témoigne de ce penchant, chez lui plus fort que tout :

« Êtes-vous, leur dit-il, défenseurs résolus de la famille, de la propriété, de la religion?

— Nous le sommes, » répondent en chœur les ministres. Ce qui était vrai. Mais même si ce ne l'eût pas été, ils n'auraient pas répondu et ils ne pouvaient pas répondre autrement.

Trochu, ambitieux, ne perdant pas le nord, sentant qu'on a besoin de lui, exige la direction des opérations militaires et du gouvernement. Cela encore, on le lui concède sans difficulté.

Avant d'accepter définitivement, il fait pourtant une petite réserve. Il demande à consulter son chef hiérarchique Palikao, ministre de la Guerre. Simple acquit de conscience de sa part. Chez Trochu, nature au fond assez compliquée, les scrupules de conscience revêtent un côté vaguement religieux. On dirait que, d'avance, il désire se faire donner l'absolution par son confesseur. La démarche auprès de Palikao n'est qu'un geste, rien de plus. Car Palikao n'a plus aucun pouvoir. Trochu le trouve abattu, désespéré, venant d'apprendre la mort de son fils à Sedan. Il reçoit cette autorisation que l'autre n'a plus aucune qualité pour lui donner.

Le voilà satisfait. Il accepte officiellement ce qu'on lui offre. A peine a-t-il accepté qu'il aperçoit sur la liste le nom de Rochefort. Il fait là-dessus quelques objections, vite apaisées.

Le nouveau gouvernement est ainsi composé :

Général Trochu, gouverneur de Paris, président du Conseil ;

Crémieux, ministre de la Justice ;

Favre, Affaires étrangères ;

Gambetta, Intérieur ;

Ernest Picard, Finances ;

Magnin, Commerce ;

Amiral Fourrichon, Marine ;

Général Leflô, Guerre ;

Dorian, Travaux publics.

Étienne Arago est maire de Paris.

L'attribution des portefeuilles s'est faite un peu au hasard, ou plutôt selon le désir plus ou moins impétueux des partageants. Certains d'entre eux posent et imposent comme un axiome que tel ministère leur revient de droit. Crémieux, par exemple, décide et fait admettre que lui, et nul autre, doit avoir la Justice.

Quant à de Kératry qui a été nommé, ou plutôt, qui s'est nommé préfet de police, lui aussi ne perd pas de temps. Il court, il vole à la préfecture, pour s'emparer séance tenante de son nouveau poste.

Rien n'est plus pittoresque que le récit qu'il en a fait.

Accompagné d'Antonin Dubost qu'il s'est adjoint comme secrétaire général, il descend sur les quais, racole une dizaine de gardes nationaux décidés et, suivi de cette faible escorte, le voilà parti pour la conquête de son empire.

Il arrive devant la préfecture dont toutes les portes sont fermées. A travers les barrières on aperçoit les sergents de ville, rangés derrière les officiers de paix. La garde municipale, l'arme au pied, attend les ordres du colonel Valentin. De Kératry, son revolver à la main, dit-il, demande qu'on ouvre les portes. Après quelques instants elles sont ouvertes. Il traverse de nombreux couloirs et parvient dans le cabinet de Pietri où sont réunis tous les chefs de service. Le préfet de police n'est pas encore revenu des Tuileries, où il est allé conseiller à l'Impératrice un départ précipité.

De Kératry fait venir le colonel Valentin, lui commande de renvoyer les troupes dans leurs casernes; puis il commence à donner des ordres à ses futurs collaborateurs. Cette première opération terminée, il se rend, d'un même pas rapide, à la direction des Postes et Télégraphes, où il agit de la même façon.

Partout, il trouve chez ceux qu'il vient déplacer, remplacer, l'accueil le plus déférent, presque le plus empressé. Aucune protestation, aucune résistance, alors que, matériellement, la résistance était possible et même facile.

Rien ne fait mieux toucher du doigt la docilité avec laquelle les dirigeants du régime ancien se laissent déposséder par ceux du nouveau. L'idée ne leur vient pas un instant qu'ils pourraient engager la lutte, dire à l'intrus qui tombe ainsi du ciel : « Mais qui êtes-vous? D'où venez-vous? Que représentez-vous? »

Ils le croient sur parole et ne demandent qu'à le croire.

Cette résignation, quand on la saisit ainsi sur le vif, montre que lorsqu'il s'est constitué cette atmosphère d'abandon, les révolutions deviennent la chose du monde la plus facile. Les régimes paraissant les plus solides s'écroulent en quelques instants.

C'est ce qui arriva en France le 4 septembre. C'est ce qui se produisit en Russie, lors de la première révolution, en mars 1917, et aussi six mois plus tard, lorsque l'audacieux, l'énergique Lénine

LE QUATRE SEPTEMBRE

chassa d'un coup de pied l'imbécile (au sens étymo-
logique) Kerensky.

Le nouveau gouvernement prend le nom, un
beau nom, de « Gouvernement de la Défense
nationale. »

Le mot de république n'est pas prononcé; ce
qui vaut mieux pour le moment. Car, par les souvenirs qu'il évoque, il risquerait d'effrayer bien
des gens.

Notification en est faite au pays par trois
adresses :

Une à la nation française, par le gouvernement.

Une aux habitants de Paris, par le maire
Arago;

Une à la garde nationale par de Kératry, préfet
de police.

Voici les textes de ces documents.

PROCLAMATION DU GOUVERNEMENT.

« La République est proclamée. Le gouvernement
est nommé d'acclamation. Il se compose des
citoyens Arago, Crémieux, Favre, Ferry, Gambetta, Garnier-Pagès, Glais-Bizoin, Pelletan,
Picard, Rochefort et Jules Simon, représentants
de Paris.

« Le général Trochu est chargé des pleins pouvoirs pour la défense nationale. Il est appelé à la présidence du gouvernement.

« Le gouvernement invite les citoyens au calme. Le peuple n'oubliera pas qu'il est en face de l'ennemi.

« Le gouvernement est avant tout un gouvernement de la défense nationale. »

PROCLAMATION D'ARAGO.

« Citoyens,

« Je viens d'être appelé par le peuple et par le Gouvernement de la Défense nationale à la mairie de Paris.

« En attendant que nous soyons convoqués pour élire notre municipalité, je prends, au nom de la République, possession de cet Hôtel de Ville d'où sont toujours partis les grands signaux patriotiques en 1792, en 1830, en 1848. Comme nos pères, en 1792, je vous crie : « Citoyens, la patrie est en danger. » Serrez-vous autour de cette municipalité parisienne où siège aujourd'hui un vieux soldat de la république.

« Vive la République !

« ARAGO,
« Maire de Paris. »

LE QUATRE SEPTEMBRE

« Après plusieurs mois d'attente, sous le coup de mille nécessités, les traditions interrompues au 18 brumaire et au 2 décembre sont enfin reprises.

« Les députés de la gauche, après la disparition de leurs collègues de la majorité, ont prononcé la déchéance. Quelques instants après, la République était proclamée à l'Hôtel de Ville.

« La révolution qui vient de s'accomplir est restée toute pacifique. Elle a compris que le sang des Français ne devait couler que sur les champs de bataille. Elle a un but, comme en 1792 : l'expulsion de l'étranger. Il importe donc que la population de Paris par son calme, par son attitude contenue, se montre à la hauteur de la tâche qui lui incombe.

« C'est pour cette raison qu'investi par le gouvernement provisoire des pouvoirs dont on a tant abusé sous les régimes antérieurs, j'invite la population parisienne à exercer les droits politiques qu'elle vient de reconquérir dans toute leur plénitude, avec une sagesse et une modération qui seront de nature à montrer à la France et au monde qu'elle est vraiment digne de la liberté.

« Notre devoir à tous, dans les circonstances où

nous sommes, est surtout de nous rappeler que
la patrie est en danger. Au moment où, sous l'égide
des libertés républicaines, la France est disposée
à vaincre ou à mourir, j'ai la certitude que ces
pouvoirs ne nous serviront que pour nous défendre
contre les menées de ceux qui trahiraient la patrie.

« Le Préfet de Police,
« Comte DE KÉRATRY.

« Le secrétaire général,
« ANTONIN DUBOST. »

CHAPITRE IX

LE MOULIN
QUI TOURNE A VIDE

APRÈS le départ pour l'Hôtel de Ville des députés de l'opposition (tous ne partent pas, il en reste quelques-uns au Palais-Bourbon : Jules Grévy, Garnier-Pagès, Jules Simon tout d'abord) une partie des manifestants s'est jointe à cet exode. Mais il demeure encore dans la ruche beaucoup d'abeilles, ou de frelons.

La salle des séances continue à être occupée par une foule désœuvrée qui, sur les gradins, dans les tribunes, parle, discute, gesticule, fume, crache et mange.

La plupart des députés errent dans les couloirs et attendent.

Qu'attendent-ils? Ils seraient bien en peine de le dire.

Ils continuent — croient-ils à moitié — à être les représentants du peuple, nul n'ayant qualité pour les déposséder de leur mandat. Ils sentent cependant que quelque chose de très important s'est retiré d'eux. Ce qui se fera dans cette enceinte n'a plus grande importance désormais.

Après un temps, cette assemblée délibérante, bien qu'elle ne soit plus qu'une ombre vaine, un reflet, fidèle à ce qui est sa raison d'être, persiste à vouloir quand même délibérer.

Mais où? Dans la salle des séances, il n'y faut pas songer. La foule est là qui l'occupe. Aucune force ne pourrait l'en expulser. A défaut de cette salle, certains parlementaires ont l'idée de se réfugier dans une autre, très vaste, qui servait de salle à manger pour les grands dîners officiels. Le président Schneider s'est mis au lit, après la bagarre où il a été quelque peu malmené. Un vice-président prend sa place.

La séance à peine ouverte, Garnier-Pagès s'empresse de prononcer un long discours, ce qui prouve la persistance des réflexes chez les humains comme chez les animaux. Les parlementaires sont comme un homme à qui on aurait coupé la tête, et dont les membres continueraient encore à s'agiter.

Buffet, prenant la parole à son tour, s'élève avec vigueur contre la violence faite au Corps législatif. Les prérogatives et les droits de ce dernier, affirme-t-il, n'en sont aucunement diminués.

Vaines paroles, protestations inutiles qui ne

changeront rien à une situation irrémédiablement perdue.

La séance n'en continue pas moins. Les députés reviennent, par une sorte d'instinct, à l'ordre du jour. Ils mettent aux voix la motion Thiers qui est votée à la presque unanimité. Et après?

Sunt verba et voces....

Les assistants sentent bien que le seul pouvoir existant c'est celui qui se constitue à l'Hôtel de Ville. Garnier-Pagès propose, à la fin de son long discours, d'entrer en rapports avec lui, mais non de le reconnaître. Sa proposition soulève cependant des protestations et des murmures. Mais il faut bien, bon gré, mal gré, y revenir, car elle est la seule possible. On décide donc d'envoyer une délégation de huit membres à l'Hôtel de Ville. Jules Grévy en fait partie, Barthélemy-Saint-Hilaire, Garnier-Pagès, déjà sans qu'il s'en doute, membre du nouveau gouvernement (s'il l'avait su, tout indique qu'il serait parti beaucoup plus tôt), Cochery, Martel, Lefebvre-Pontalis, et deux députés de la majorité. A peine arrivée, elle est introduite auprès des nouveaux ministres. Jules Grévy prend la parole. De son air austère, de sa voix triste, il expose les raisons auxquelles viennent d'obéir les députés. Il propose que la Commission de gouvernement qui a été élue par le Corps législatif s'abouche avec les députés réunis à l'Hôtel de Ville.

Jules Favre répond par un refus poli, mais net, noyé, comme de coutume, dans une phraséologie d'avocat.

« Cette proposition, dit-il, ne peut aboutir à aucun résultat. Elle ressemble à toutes les mesures que l'on prend lorsqu'on a manqué l'occasion et qu'on est éclairé par un événement que l'on s'est longtemps obstiné à nier.

« Avec une infatigable abnégation, nous avons pendant un mois supplié la Chambre de prendre le pouvoir pour éviter une révolution. Elle ne s'en avise que lorsque la révolution est faite contre elle, aussi bien que contre l'empire. Je crains qu'il ne soit trop tard. Au surplus, plusieurs de nos collègues sont absents ; nous ne pouvons rien faire sans eux. »

Ces collègues absents sont Gambetta et Picard partis en toute hâte, celui-là devançant celui-ci, pour prendre possession de leurs ministères respectifs.

Il est décidé qu'à huit heures, le gouvernement de l'Hôtel de Ville enverra une députation au Palais-Bourbon.

Juste à ce moment, Garnier-Pagès apprend qu'il est ministre, sur quoi il s'empresse de fausser compagnie à ses collègues. Il n'est plus désormais

LE QUATRE SEPTEMBRE

du côté Palais-Bourbon, mais du côté Hôtel de Ville. Il prononcerait volontiers le mot qui, quelque vingt ans plus tard, rendit célèbre Arthur Meyer : « Bonsoir, Messieurs. »

A l'heure fixée, 8 heures, les députés se réunissent au Palais-Bourbon.

Glais-Bizoin étant venu poser les scellés sur la salle des séances, les manifestants qui s'y trouvaient encore, menacés, une fois les portes closes, d'être obligés d'y passer la nuit, s'étaient empressés de déguerpir.

Thiers préside cette séance. Jules Favre arrive, accompagné de Jules Simon.

« En ce moment, dit-il, il y a des faits accomplis, un gouvernement issu de circonstances que nous n'avons pu prévoir, dont nous sommes devenus les serviteurs. Notre devoir est de défendre Paris et la France. Nous ne pouvons rien changer à ce qui a été fait. Si vous y donnez votre adhésion, nous vous en serons reconnaissants. Sinon, nous respecterons la décision de votre conscience, mais nous garderons la liberté entière de la nôtre. Voilà ce que je suis chargé de vous dire par le gouvernement provisoire de la République, dont la présidence a été offerte au général Trochu qui l'a acceptée. »

Sous des formules respectueuses, ce discours revient en somme à dire aux députés :

« Le nouveau gouvernement existe, alors que vous n'existez plus. Si vous vous y ralliez, tant mieux. Sinon, nous nous passerons de vous. »

Le nom de Trochu, jeté à la fin du discours a pour effet de décider les hésitants.

Thiers, plein de bon sens, fait à cette communication, plutôt à cette sommation, la réponse qui convient :

« Le passé, dit-il, ne peut être équitablement apprécié par chacun de nous. L'histoire seule pourra le faire. Quant au présent, je ne puis vous en parler que pour moi. Mes collègues ne m'ont pas donné mission de vous dire s'ils accordent ou refusent leur ratification. Vous vous êtes chargés d'une responsabilité immense. Notre devoir à tous est de faire des vœux ardents pour que vos efforts réussissent dans la défense de Paris, pour que nous n'ayons pas longtemps sous les yeux le spectacle navrant de la présence de l'ennemi. »

Jules Favre et Jules Simon se retirent, reconduits par certains de leurs collègues qui les assurent de leur amitié et de leur confiance.

Leur départ devrait logiquement mettre fin à cette séance qui n'a plus aucune raison d'être. Mais il est dur, pour une assemblée parlementaire, de reconnaître qu'elle n'est plus un parlement, qu'elle ne représente plus rien. Pareille reconnaissance équivaut à un suicide. Aussi la discussion continue-t-elle. Les journaux du lendemain en publient le compte rendu.

Thiers, après le départ des délégués de l'Hôtel de Ville, explique à ses collègues les raisons qui l'ont amené à parler comme il l'a fait. La situation, d'après lui, se résume ainsi :

« Nous n'avons pas à reconnaître un gouvernement qui s'est constitué en dehors de nous. Nous n'avons pas non plus à le combattre, ce qui serait antipatriotique. Ces hommes doivent avoir le concours de tous les citoyens dans leur défense du pays. Faisons des vœux pour eux. Gardons-nous de les entraver par une lutte intestine. »

Buffet, toujours combatif, proposant de rédiger une protestation, Thiers intervient avec vigueur contre cette idée très dangereuse d'après lui :

« Nous sommes devant l'ennemi, répète-t-il. Pour cela, nous devons tous faire un sacrifice en présence des dangers que court la France et qui sont immenses. Il faut nous taire, faire des vœux et laisser à l'histoire le soin de juger. »

Un autre député, Pinard, qui fut le seul à protester l'après-midi, entend renouveler sa protestation contre la violation du Corps législatif. Thiers une fois encore, avec une énergie redoublée, fait écarter tous ces gestes inutiles et par cela même dangereux. Il ramène ses collègues au sens de la réalité. Il les met en présence des faits. La fin de son discours est empreinte de beaucoup de dignité et de noblesse. Il ne craint pas de rappeler à ces députés, presque tous créatures du pouvoir impérial, que l'empire lui aussi, après tout, n'a été, pendant dix-huit ans, qu'un pouvoir usurpé. Maintenant qu'il s'est écroulé par ses propres fautes, il serait vain et même criminel d'embarrasser ceux qui, dans des circonstances si critiques, recueillent sa succession.

Daru s'étant plaint que les scellés avaient été mis sur les portes de la Chambre :

« Y a-t-il quelque chose de plus grave, lui riposte Thiers, avec autant d'émotion que d'à-propos, que les scellés sur les personnes? N'ai-je pas été à Mazas? Ne rentrons pas dans la voie des récriminations. Cela nous mènerait trop loin! »

Il conclut par ces mots :

« En présence de l'ennemi qui sera bientôt sous Paris, nous n'avons qu'une chose à faire : nous retirer avec dignité. »

C'est la sagesse même, et la sagesse en la circonstance, se double de patriotisme. Ces dernières paroles de Thiers éclairent le débat. Les députés rentrant en eux-mêmes, sentent qu'ils n'ont plus qu'à se disperser.

Supprimé en fait dès le commencement de l'après-midi, le Corps législatif est maintenant supprimé en droit, par le consentement de ses membres eux-mêmes. L'attitude de Thiers en ces circonstances est des plus significatives. Elle précise ses rapports avec le nouveau gouvernement en même temps qu'elle situe ce dernier dans l'état de l'opinion. Thiers, à cette période de sa vie, est avant tout un homme de bon sens, de raison, de juste milieu. Il ne l'a pas toujours été. Mais il l'est devenu.

Le gouvernement tel qu'il vient de se constituer, par l'effet des événements, beaucoup plus que par la volonté des hommes, ne lui inspire qu'une confiance mitigée. Aussi refuse-t-il d'en faire partie. La solution, telle qu'elle a été prise au hasard, dans le tumulte, n'est certainement pas de son goût. A cette solution révolutionnaire, jacobine, il aurait préféré une solution parlementaire, faisant dépendre le nouveau gouvernement du Corps législatif et non point de la foule, de l'émeute. Les circonstances, plus fortes que les hommes, n'ont pas permis qu'il en fût ainsi. Il aurait pu d'ailleurs arriver quelque chose de cent fois pire encore, c'est que les émeutiers, les révolutionnaires s'emparassent du pouvoir.

Des hommes se sont trouvés là pour arrêter au dernier moment ce glissement, cette dégringolade. Ils se sont placés eux-mêmes au gouvernement. Qu'ils y restent! Bien loin de les gêner, il faut au contraire, les aider, les servir.

AU PALAIS-BOURBON

Il se glisse toujours, au milieu des événements
tragiques qui dominent dans une révolution,
quelque élément comique. C'est le Sénat qui, cette
fois, se charge de le fournir.

Le Sénat est le premier Corps de l'État. Il
passe théoriquement avant le Corps législatif.
C'est donc à lui surtout, semble-t-il, que les manifestants auraient dû s'en prendre. Et cependant,
dans cette foule immense, nul ne se préoccupe
de l'attaquer, encore moins de l'envahir. Personne
n'y songe un seul instant. On le traite comme s'il
n'était pas. Rien ne prouve davantage son inu-
tilité, son inexistence. Dix-huit années d'un
régime qui l'a peuplé de ses créatures, de ses favoris,
l'ont tout naturellement conduit à ce degré
d'abaissement.

La séance commence au palais du Luxembourg
vers midi et demi. C'est Rouher qui la préside.
Elle débute par une manifestation spontanée de
loyalisme. Les sénateurs acclament la dynastie
à l'heure où elle s'effondre, où elle s'est même
déjà effondrée.

Après cette explosion sentimentale qui soulage
leur conscience, mais dont la vanité ne saurait

LE QUATRE SEPTEMBRE

leur échapper, que vont-ils faire? Que peuvent-ils faire? Une seule chose : attendre et voir venir.

Leur unique souci, leur seule préoccupation est de suivre, quart d'heure par quart d'heure, ce qui se passe au Corps législatif. L'intérêt de la journée, ils ne le sentent que trop, n'est pas au Luxembourg, mais au Palais-Bourbon.

Un service improvisé de courriers, des jeunes gens, faisant la navette entre les deux assemblées, les tient au courant des événements au fur et à mesure qu'ils se produisent. Ils assistent avec un très léger retard au déroulement des faits : le projet de déchéance de Favre, la proposition de Thiers, puis, bientôt après, l'invasion du Corps législatif.

« Demeurons. C'est plus digne! » crient vaillamment quelques sénateurs.

Sur quoi, M. de Girardin : « Nous sommes ici en vertu du plébiscite. Nous ne devons en sortir que par la force. »

C'est la pâle réédition du mot célèbre de Mirabeau. Mais les circonstances sont toutes différentes et les temps bien changés.

La séance est alors suspendue.

A sa reprise, Rouher, ayant élevé sa protestation contre la violence commise envers l'autre assemblée, interroge ses collègues sur ce qu'il convient de faire, demeurer en permanence, ou bien renvoyer la séance.

Voilà une question à laquelle il n'est pas aisé de répondre.

Si l'on reste, comme le veulent certains des sénateurs, à quoi occupera-t-on le temps, en attendant? Le moulin du Corps législatif tourne à vide, une fois les députés de l'opposition partis pour l'Hôtel de Ville; à plus forte raison celui du Sénat qui n'a même pas la consolation d'être envahi comme l'autre assemblée. C'est ce qu'un des sénateurs, Baroche, constate avec une clairvoyance mêlée de mélancolie.

« Nous ne pouvons même pas espérer, s'écrie-t-il, que les révolutionnaires se dirigeront vers notre enceinte. » La tristesse de cette constatation ne va pas sans quelque humour, un humour qui s'ignore. Le Sénat n'aura pas la satisfaction d'être violenté; n'est pas violé qui veut : comme pour le mariage, il faut être deux.

Va-t-on prolonger indéfiniment cette séance coupée d'entr'actes, sans objet, sans ordre du jour?

Les sénateurs se rendent compte qu'elle finirait par devenir ridicule. Mise aux voix, la proposition de permanence est rejetée malgré la protestation de Quentin-Bauchart qui s'écrie : « Partir, c'est trahir. »

LE QUATRE SEPTEMBRE

La permanence étant rejetée, il n'y a plus qu'à se séparer. Mais jusques à quand? A quel moment la séance sera-t-elle reprise, si tant est qu'elle le soit, ce qui paraît douteux. Certains voudraient que ce fût le soir même. Un des vice-présidents propose le lendemain, sans tenir compte, dit-il bravement, des événements extérieurs.

Là-dessus, trop heureux d'échapper à une situation fausse et sans issue, les sénateurs quittent leurs robes; car ils étaient encore en robe, et ils s'en vont.

Les abords du Luxembourg sont calmes, trop calmes à leur gré. Aucune foule, aucune manifestation. Les manifestants sont ailleurs. A la tombée de la nuit, Floquet vient poser les scellés sur les portes de la Chambre Haute; travail bien superflu, peine bien inutile. Le Sénat est mort de lui-même, sans que personne ait eu besoin de le tuer.

CHAPITRE X

PARIS
UN SOIR DE RÉVOLUTION

Voici la révolution triomphante, le nouveau
gouvernement constitué.

La capitale accueille cet événement avec
calme et, ce qui est significatif, avec joie. Jusque
vers le milieu de l'après-midi, la plupart des gens
croient que la déchéance a été régulièrement pro-
noncée. On indique même avec précision le nombre
des voix. Un détachement de gardes nationaux
promène sur les boulevards cette pancarte : « La
déchéance est votée par 180 voix sur 213 votants. »
A travers la foule, des petits papiers circulent, qui
indiquent ces chiffres. Des camelots vendent de
petits drapeaux de toile où ils sont inscrits en
gros caractères. De la ville elle-même, cette fausse
nouvelle gagne la banlieue.

Vers 8 heures du soir on apprend la proclamation

LE QUATRE SEPTEMBRE

de la république, la constitution du nouveau
gouvernement.

Le préfet de Police dans son rapport au ministère
de l'Intérieur, signale que partout la tranquillité
règne. La population acclame la République.

La nuit est très belle, par un magnifique clair
de lune. Partout on enlève les écussons et les
aigles. Ce travail prend du temps et occupe une
foule de gens. En divers endroits les passants
obligent les propriétaires des magasins à décrocher
les écussons impériaux. Une gravure de l'*Illus-
tration* représente des turcos remplaçant, rue du
2-Décembre, la plaque de la rue par une autre :
« Rue du 4-Septembre. »

Autour de la statue de Strasbourg, place de
la Concorde, des bouquets de fleurs et des drapeaux. Une statue équestre de Napoléon III
placée au-dessus des cinq guichets du Louvre est
quelque peu maltraitée. Devant l'Opéra, la foule
prétend faire arracher de la façade les médaillons
et les emblèmes de la dynastie. Garnier, le direc-
teur, appelé en toute hâte, promet de procéder à
cet enlèvement. Il fait même cette spirituelle
réponse : « Tous ces ornements ne tiennent que
par des vis. » Ainsi en est-il du régime qui vient
de finir.

Des curieux, arrivant devant la caserne Napoléon, invitent les soldats du 34ᵉ à fraterniser avec

eux. Cinq militaires ouvrent les portes, sur quoi la foule envahit la caserne.

Beaucoup d'animation sur les boulevards et dans les faubourgs. Tous les théâtres jouent. Tout le monde est content.

Le régime impérial qui, la veille encore, paraissait si solide, s'est effondré sans que sa brusque disparition entraîne aucun désordre, aucun remous. Nul de ses partisans, s'il en reste, ne songe à protester, encore moins à lutter. Ils se taisent, ils se terrent, sentant bien que la partie est perdue.

Cette joie de la capitale, sur laquelle les témoignages abondent, nous paraît à distance assez singulière. Elle suppose, nous semble-t-il, beaucoup de légèreté et même quelque inconscience. Car enfin les Prussiens sont à quelques journées de marche. Une semaine encore et Paris sera investi. Le mot célèbre cité par Francisque Sarcey explique en partie cet état d'esprit : « *Ils* n'oseront plus venir maintenant que nous *l*'avons. » (*Ils*, ce sont les Prussiens et *la*, c'est la République.) Il faut vraiment pour le croire beaucoup de candeur.

La vague révolutionnaire, d'autre part, qui vient d'emporter le régime, rien ne prouve qu'elle sera la dernière.

De tous les côtés, donc, au dehors comme au dedans, du point de vue militaire comme du point de vue politique, les sujets de préoccupation et même d'angoisse ne devraient pas manquer. Mais le propre de la foule est de se livrer sans réserve aux impressions du moment, si brèves, si fugitives soient-elles. Elle savoure, sans se soucier du lendemain, les joies de la liberté reconquise. Mais qu'est-ce que la liberté, quand la moitié du territoire est envahi?

CONCLUSION

APRÈS avoir marqué les traits essentiels de cette journée du 4 septembre, il reste, si l'on veut s'en faire une idée juste, à la situer dans la série des révolutions qui, au cours du même siècle, l'ont précédée.

Il y a eu, pendant ce seul siècle, trois révolutions et un coup d'État : juillet 1830, février 1848, décembre 1852, septembre 1870.

Mettons à part le coup d'État du 2 Décembre qui, par les conditions dans lesquelles il s'opère, présente un caractère très distinct.

Le prince Louis-Napoléon, président de la République, exerçant le pouvoir exécutif, disposant de la force publique et de l'armée, servi par le prestige, demeuré très grand, de son nom, parvient sans aucune peine à se débarrasser du pouvoir législatif, à demeurer le seul maître. Le pays, comme la capitale, est ou complice, ou résigné. Les premiers temps de la république à laquelle il met fin, ont laissé de mauvais, de détestables souvenirs, à cause des violents désordres qui se sont produits et que l'on craint toujours de voir recommencer.

Seuls, les révolutionnaires de Paris pourraient s'insurger contre ce coup de force. Mais, après les répressions violentes dont ils ont été l'objet, ils n'en ont ni le désir, ni les moyens.

Une révolution est à peu près impossible quand elle trouve devant elle un gouvernement fermement résolu à se défendre, tenant en mains la police et l'armée. Elle devient au contraire la chose la plus simple du monde lorsque c'est le chef de l'État lui-même qui, après avoir soigneusement, minutieusement préparé son opération, renverse brusquement le régime dont il était le gardien.

Les Bourbons revenus de l'exil, remis sur le trône par les armées étrangères, n'arrivent pas à se dépouiller de leur carapace. Ils restent prisonniers de leur passé, de leurs traditions, de leurs préjugés, de leur entourage. Entre eux et la France de la Révolution et de l'Empire il existe un abîme que rien ne peut combler.

CONCLUSION

De ces trois mots de notre devise, le dernier ne signifie pas grand'chose. Des deux autres, c'est le second qui est, pour les Français, le premier. Ils ne se soucient pas beaucoup de la liberté, quoi qu'ils en disent. En revanche, l'égalité leur tient profondément à cœur. Le régime napoléonien a supprimé toute liberté. Mais l'égalité subsiste. Un garçon de ferme, comme Murat, peut devenir prince et roi. Aussi ce régime est-il malgré tout populaire, alors que celui de Louis XVIII, à plus forte raison celui de Charles X, ne l'est pas.

Les nobles, sans parler des curés et des moines, se pressent de nouveau autour du roi. Il n'en faut pas davantage pour le faire détester.

Un stupide accès d'absolutisme, les Ordonnances, suspendant les libertés promises par la Charte, fait lever spontanément les pavés de la capitale. La lutte s'engage aussitôt, très énergiquement conduite de la part des assaillants. Cette attaque énergique et soudaine, surprend, déconcerte un gouvernement non préparé. Il essaye tout d'abord de résister. Mais sa résistance manque de cohésion, plus encore de volonté. Après quelques jours, il cède et le vieux roi reprend le chemin de l'exil.

A la fois analogue et différente apparaît la révolution de 1848. Bourgeoise, paternelle, libérale et cossue, la monarchie de Louis-Philippe pouvait s'implanter dans notre sol où elle avait poussé d'assez fortes racines. Elle donnait au pays la prospérité — Enrichissez-vous — ce qui est beaucoup, une suffisante tranquillité au dedans, une longue paix au dehors. Mais, issue — et ceci explique tout — d'un compromis entre les révolutionnaires, à qui revient le mérite des Journées de Juillet 1830, et les parlementaires, les bourgeois, elle était obligée par cela même, de garder un équilibre difficile entre ces deux forces opposées. Louis-Philippe sut, dans les premiers temps, pratiquer savamment ce délicat dosage. Vers la fin de sa vie, surtout sur les conseils de Guizot, doctrinaire et étroit, son caractère se raidit, son esprit s'ankylosa. Il ferma, au lieu de l'ouvrir, cette soupape de sûreté qu'était l'extension du droit de vote à un plus grand nombre d'électeurs. Il ne sut pas s'en servir comme l'avaient fait si bien les conservateurs britanniques, lorsque, seize ans plus tôt, cette même question s'était posée pour eux.

Produit d'un simple accident, une émeute éclata. Louis-Philippe, après en avoir écrasé tant d'autres, ne sut pas ou ne voulut pas écraser celle-là. Surpris, débordé, répugnant à l'idée d'engager contre les révolutionnaires, à qui il devait après tout son trône, une lutte à outrance et sans merci, il aima mieux céder et s'en aller.

****

Il suffit de garder présents à l'esprit les traits essentiels de ces deux révolutions, 1830 et 1848, pour voir que celle du 4 Septembre ne leur ressemble d'aucune manière.

La raison pour laquelle elle ne leur ressemble pas est bien simple : 1830 et 1848 se sont faites du dedans, *uniquement du dedans*, au lieu que la révolution du 4 Septembre 1870 s'est faite en dernière analyse *du dehors*.

Les deux régimes napoléoniens qui ont gouverné la France au XIXe siècle ont en effet ceci de particulier que, lorsqu'ils tombent, ce n'est point parce que leurs sujets, *les sujets de mécontentement* comme disait Rochefort, en ont assez, mais parce que les armées étrangères, envahissant la moitié du pays, ce qui ne s'est jamais produit, du moins avec une telle gravité, sous aucun des rois, menaçant la capitale ou y entrant, viennent provoquer directement sa chute.

En d'autres termes, les Napoléon s'effondrent non point à cause de leur politique intérieure, très despotique cependant, infiniment plus que celle des rois, confisquant toutes les libertés, mais à cause des fautes ou plutôt des folies de leur politique extérieure. Leurs sujets les supportent surtout parce qu'ils ne peuvent pas faire autrement. Les forces de répression : armée, gendarmerie, police, sont telles que toute tentative de soulèvement, presque toute protestation véhémente, sont d'avance découragées. C'est assez peu flatteur pour la nature humaine, en particulier celle qui s'épanouit sous nos climats. Mais c'est ainsi!

On ne se bat volontiers que contre ceux que l'on sent plus faibles. Personne ne songe à engager la lutte, lorsqu'il est à peu près sûr d'avance de la perdre.

Les Napoléon, et ceux qui les servent, ont la poigne dure, très dure. Tandis que les rois, à cause des souvenirs, des traditions, des mille liens qui les attachent à leur peuple, hésitent au dernier moment à faire tirer sur ce dernier, qu'ils s'appellent Louis XVI, le 10 Août, Charles X, Louis-Philippe; les Napoléon, eux, n'hésiteraient pas un seul instant. Tout le monde le sait et se tient tranquille.

Pour qu'ils tombent, il faut donc qu'un autre facteur intervienne : l'étranger. Sinon ils pourraient durer indéfiniment.

La diplomatie des rois est attentive, circonspecte, sage. Ils ont conscience que toute guerre est chose infiniment grave, que la France, après tout, par suite de sa mauvaise frontière du nord et du nord-est est un pays très vulnérable, qu'il suffit de quelques batailles perdues dès le début, en Lorraine, dans les Flandres, pour amener l'envahisseur dans les vallées de l'Oise, de la Marne, d'où ses armées s'écoulent tout naturellement vers la capitale. Aussi redoublent-ils de précautions.

Les Napoléon, eux, sont imprudents, aventureux. Ils ressemblent à un homme qui, venant de recevoir un magnifique héritage, auquel il ne s'attendait pas, dont le hasard, plus encore que ses mérites, l'a mis en possession, dépense prodigalement, follement cet héritage, engage un peu au hasard ses capitaux dans toutes sortes d'affaires plus ou moins bonnes, comme s'ils étaient inépuisables. L'heure de la faillite ou de la banqueroute doit arriver nécessairement.

Si en 1814, puis en 1815, Napoléon cesse de gouverner les Français qui, en dépit de l'admiration et de l'amour qu'ils ont pour lui, disent « Ouf ! » à son départ, c'est parce que Russes, Anglais, Prussiens, Autrichiens le chassent.

Napoléon III, son neveu, n'échappe pas à cette loi de famille. *La journée du 4 septembre est le produit direct de Sedan.*

Comment le régime impérial continuerait-il en

France alors que l'empereur est prisonnier? Ce régime tombe tout naturellement de lui-même. Il n'y a aucun besoin de le pousser.

Il ne pouvait pas ne pas tomber. Ce n'est pas l'invasion par la foule du Palais-Bourbon ou des Tuileries, les scènes de l'Hôtel de Ville qui provoquent *réellement* sa chute. Révolutionnaires, républicains n'ont pas au fond grand mérite à renverser une dynastie qui, frappée à la tête, ne peut plus ni ne veut plus se défendre.

TABLE DES MATIÈRES

COULOMMIERS
IMPRIMERIE
PAUL BRODARD
13403-8-30

9 782329 772103